Lust auf Maca

Die geheimen Scharfmacher

Fotos von Felix Holzer

Lust auf Maca

Die geheimen Scharfmacher

Inhalt

© Fritz Absmeier

Liebe Leserin, lieber Leser,

Was hat Gynäkologie mit Boxen zu tun? Wenig, denken Sie bestimmt, und doch sind es die beiden wichtigen Eckpfeiler auf meinem Lebensweg, die mich zu den Erkenntnissen geführt haben, um die es in diesem Buch gehen soll. Nicht ein Interesse an der archaischen Gewaltbereitschaft hat mich mit Beginn meines Medizinstudiums zum Boxen motiviert. Vielmehr war es die Faszination an der Dichotomie von sexueller Lust und Boxen. Denn so wie die sexuelle Lust auf Vereinigung zielt, so widersetzt sich der Zweikampf derselben.

Die körperliche und geistige Leistungsfähigkeit erhalten

Neben meiner gynäkologischen Praxis ist mir die Anti-Aging-Medizin ein wichtiges Thema geworden, und ich habe den Erhalt der körperlichen und geistigen Leistungsfähigkeit zu einem weiteren Schwerpunkt meiner Tätigkeit gemacht. In einer Zeit, in der die Gesundheit zum wichtigsten Kapital der Menschen gehört, ist Anti-Aging alles andere als ein Beautytrend oder Zeitgeistphänomen. Anti-Aging ist als Fülle von Präventivmaßnahmen zum Erhalt der physischen und psychischen Gesundheit eines der vorherrschenden Themen in der Gesundheitsdiskussion geworden – und ein wichtiges, wenn auch noch oft verkanntes Thema hierbei sind Liebe und Sexualität.

Sexualität und Sinnlichkeit als Lebenselixier

Unendlich viele Bücher besitzen wir über die Liebe, die Lust und die Leidenschaft, und nie ist die Liebe schöner und poetischer beschrieben worden als in den alten Sagen, Mythen und Romanen. Eines der berühmtesten Liebespaare waren Tristan und Isolde. Aber bei ihnen erwachte die Liebe nicht spontan. Es musste nachgeholfen werden. Ein Liebestrank war notwendig, der die Glut ihrer Begierde entfachte, um sich der göttlichen Ordnung zu widersetzen und schließlich im Liebestod zu enden.

Die Spur der Liebes- oder Zaubertränke, der libidofördernden Elixiere, Kräuter und Düfte führt von der antiken Welt eines Homers bis in die moderne Zeit, beispielsweise zu Patrick Süskind, der mit seinem

weltberühmten Roman »Das Parfüm« der Zeit und der Wissenschaft weit voraus war. Geheime Liebesrezepte sollen helfen, nicht vorhandenes oder erloschenes Begehren hervorzuzaubern. Und so soll in diesem Buch der Frage nachgegangen werden, wie es heute mit den modernen Liebes- und Pflanzenstoffen aussieht.

> Richard Wagner komponierte in seiner Oper »Tristan und Isolde« zum Motiv des Liebestodes eines der wunderbarsten Stücke der Musikgeschichte.

Was uns die Lust nimmt

Auch Faktoren, die negativen Einfluss auf Lust und Libido haben, sollen beleuchtet werden. Auch hierzu bietet uns die Weltliteratur die Vorlage. In dem Roman »Lady Chatterley's Lover« von D. H. Lawrence findet man ein literarisches Wunder voller Erklärungen: Lady Chatterley stillt ihr sexuelles Verlangen mit Duldung ihres aus dem Krieg impotent heimgekehrten Mannes in den Armen eines Waldhüters. »Without passion and tenderness life will lead to self-destruction.« (Ohne Leidenschaft und Zärtlichkeit führt das Leben zu Selbstzerstörung.) Zur Ganzheitlichkeit des Menschen ist die Auslebung seiner sexuellen Bedürfnisse überlebensnotwendig. Nicht mehr und nicht weniger will uns der Dichter hiermit sagen.

Sexualität gehört zum Leben

Ironisch-derb drückte es mein Freund Erich Eixler aus, wenn er sang: »Ne Schippe, ne Hacke, ne dicke Weiberfutt, ja die machen uns, die machen uns kaputt!« Hier wird etwas mit einfachen Worten veranschaulicht. Die Schippe und Hacke stehen für ein Leben voller schwerer körperlicher Arbeit. Kommt dann noch die Reduzierung des weiblichen Gegenübers auf ausschließlich das Gesäß als pars pro toto dazu, das heißt die Ausblendung jedweden anderen weiblichen Teils, so führt das im Endeffekt zum gleichen Ergebnis wie bei Lawrence: Es macht uns kaputt.

Für mehr Lust und Liebe

Was Wohlfühlen ist und wie man es verbessern kann, was Stress ist und wie man dagegen angehen kann, auch davon wird in diesem Buch die Rede sein. Außerdem möchte ich Ihnen Möglichkeiten und Wege aufzeigen, um die Lust an der Lust neu zu entdecken, zu beleben und mit der Kraft der Natur zu einem erfüllenden und befriedigenden Liebesleben zu finden.

Ihr Gerd Jansen

Ich will.
daß du vorbeigehst
und mich liebst.
ohne dich umzudrehn
nach mir.

Erinnere dich an nichts
als die Liebe.

Vergiß mich.

Wolf Wondratschek

Die **geheimen** Scharfmacher

Eine zwar verbürgte, aber vielleicht doch nicht ganz ernst zu nehmende Geschichte gibt einen kleinen Eindruck, womit wir es bei der Maca-Wurzel zu tun haben: Ein Freund von mir verlegte seinen zweiten Wohnsitz auf die Urlaubsinsel Ibiza. Wie bekannt, ist die Wasserknappheit auf den Balearen groß, und die Wasserpreise sind dadurch enorm. Deshalb bemühen sich viele Grundstücksbesitzer um den Bau einer eigenen Zisterne.

Nun ließ mein Freund viele Experten kommen, die das Grundstück vermaßen und geologische Gutachten erstellten, Probebohrungen wurden durchgeführt, doch man wurde nicht fündig. Auch wurden Wünschelrutengänger geholt, wieder ohne Erfolg. Doch dann berichtete er von einem über 70 Jahre alten Ibizenker, der sich geheimnisvoll und ohne sichtbares System über das Grundstück hermachte.

Schließlich bezeichnete er eine Stelle, wies meinen Freund an, hier zu bohren – und siehe da, man stieß auf Wasser. Die Erklärung für diesen plötzlichen Fund war verblüffend: Der Mann erzählte, dass er sich regelmäßig mit einer peruanischen Knollenpflanze versorgt habe, die ihm eine merkwürdige und bislang einmalige Fähigkeit verleiht. Denn jedes Mal, wenn er über eine Wasserader läuft, bekommt er eine Erektion.

Ursprung der Maca-Wurzel

»Stark für das Leben und stark für die Liebe« – nach diesem Motto wird die Maca-Wurzel in ihrer Heimat Peru schon seit Jahrhunderten als Nahrungs- und Heilmittel verwendet.

Das Wundermittel aus den Anden

Was ist das überhaupt für eine kleine Wurzel, die allerorts von sich reden macht und um die es in diesem Buch gehen soll? Magische Liebeswurzel? Natürlicher Gesundbrunnen? Suppengemüse? Nichts von alledem und von allem ein bisschen was. Die Geschichte der Maca-Wurzel geht bis auf die Zeit der indianischen Hochkultur der Inkas zurück. Ihnen wie auch den Maya verdanken wir eine Reihe von wertvollen Nutzpflanzen, die heute wie selbstverständlich zu unserem Speiseplan gehören. Ihr Ursprung ist jedoch fast in Vergessenheit geraten – wer denkt bei Kartoffeln schon an Peru?

Heiß begehrt – die Maca-Steuer

Die Inkas waren von der potenzsteigernden Wirkung der eher unscheinbaren Wurzel so überzeugt und fasziniert, dass der Verzehr ausschließlich den Königshäusern vorbehalten war. Nach der Inquisition durch die Spanier wurde Maca in riesigen Mengen nach Spanien importiert. Denn schnell war klar, dass mit Hilfe der kleinen Knolle nicht nur die Fruchtbarkeit des Viehs und damit der Reichtum beträchtlich gesteigert werden konnten. Auch die in jeder Hinsicht anregende Wirkung auf den Menschen wurde als schlichtweg einzigartig erfahren. Die Steuern, die sich die Spanier von den Inkas in Form von Maca bezahlen ließen, waren also mehr als willkommen.

Ein Wunder an Widerstandskraft

Die Maca-Wurzel (bot. »Lepidium Meyenii«) wächst in den Hochebenen der peruanischen Anden unter extremsten Witterungsbedingungen. In einer Höhe von bis zu 3.500 bis 4.500 Metern, in der keine andere Nutzpflanze mehr gedeiht, ist die etwa 20 Zentimeter hohe Pflanze nicht nur

intensiver UV-Strahlung ausgesetzt. Der Wind bläst hier kalt und scharf, die Temperaturen liegen bei maximal vier bis fünf Grad Celsius, und die Böden sind sehr sauer. Das Kraut oberhalb der Erdoberfläche entspringt einer unterirdischen Hauptwurzel, die sich in eine Vielzahl sekundärer Knollenwurzeln teilt. Die Widerstandskraft der Pflanze ist enorm, und möglicherweise tragen gerade die schweren Wachstumsbedingungen dazu bei, dass die Wurzel über eine geballte Ladung an Energie verfügt.

Natürliches Heil- und nahrhaftes Lebensmittel

In Peru werden alle Teile der Pflanze schon seit Jahrhunderten wegen ihrer besonderen Inhaltsstoffe als Heil- und Grundnahrungsmittel verwendet. Das energetische Tonikum macht »stark für das Leben und stark für die Liebe«, wie es im Volksmund heißt. Das überirdisch wachsende, frische Kraut der nahrhaften Knolle stand und steht noch heute als Gemüse auf den peruanischen Speiseplänen. Die Wurzeln wurden gleich nach der Ernte entweder in heißen Steinöfen, den so genannten Huatias, gekocht und sofort verzehrt oder getrocknet und zu Mehl zerrieben. Das daraus gebackene Brot war noch bei den Spaniern lange Zeit als »Liebesbrot« bekannt, das im ausgezeichneten Ruf stand, lange und feurige Liebesnächte zu bescheren. ✖

Zur Info

Woraus besteht Maca eigentlich?

In der kräftigen Wurzel sind neben Kohlenhydraten, Proteinen, Faserstoffen und Lipiden reichlich Aminosäuren enthalten.

Außerdem Eisen, Kalzium, Magnesium, Phosphor, Zink, die Vitamine B1, B2, B12, Vitamin C und Vitamin E.

Des Weiteren sind zu nennen Alkaloide, p-Methoxybenzyl, Isothiocyanat, Saponine, Stigmasterol, Sitosterol und Tannine, um nur die wichtigsten Inhaltsstoffe zu erwähnen.

Dazu kommen etwa 300 Substanzen – Geruchsstoffe, Farbstoffe und ätherische Öle –, die in ihrer Zusammensetzung noch nicht richtig entschlüsselt wurden.

Was ist drin?

Die Maca-Wurzel enthält an Vitalstoffen eigentlich alles, was unser gesamter Organismus braucht, um auf Dauer gesund und leistungsfähig zu bleiben. Somit ist die Bezeichnung »natürlicher Gesundbrunnen« gar nicht so verkehrt. In der Maca-Wurzel sind nicht nur Kohlenhydrate und wertvolle Proteine enthalten, sondern auch jede Menge lebenswichtige Mineralstoffe und Spurenelemente. In ihrer Kombination und Konzentration liegt das Geheimnis ihrer enormen Wirksamkeit.

Zaubermittel für die Liebe?

Ihre Qualität als erstklassiges Aphrodisiakum verdankt sie hormonähnlichen Substanzen, die für eine bessere Durchblutung des Beckens und damit der Geschlechtsorgane sorgen. Diese Stoffe bewirken außerdem eine erhöhte Bildung der männlichen und weiblichen Geschlechtshormone Testosteron bzw. Östrogen. Diese Hormone sind nicht nur grundlegend wichtig für unsere Fortpflanzungsfähigkeit sowie innere Harmonie und Ausgeglichenheit, sondern sie sorgen außerdem für einen ordentlichen Appetit auf Sex. (Mehr zum Thema Hormone finden Sie im Kapitel »Die Lusthormone« ab Seite 49.) Merken Sie was? Maca ist nicht nur dazu da, um Männern die Lust zu versüßen, sondern hilft Frauen genauso auf die sinnlichen Sprünge. ✖

Wie es wirkt

Das alles klingt doch eigentlich nach dem perfekten Lustmacher, da vollkommen natürlich und noch dazu ohne unerwünschte Nebenwirkungen. Stimmt genau. In der peruanischen Naturmedizin wird die Maca-Wurzel schon seit Jahrhunderten wegen ihrer libidofördernden, aber auch wegen ihrer allgemein anregenden und revitalisierenden Eigenschaften sehr geschätzt. Und zwar von Mann und Frau.

Mäuse im Liebesrausch

In der Zeitschrift »Urology« berichtete im April 2000 ein amerikanisches Wissenschaftlerteam der Firma Pure World Botanicals Inc. um den chinesischen Forscher Qun Yi Zheng von der positiven Wirkung, die Maca auf das sexuelle Verhalten von Mäusen hat. Die mit einem Maca-Extrakt gefütterten Mäuse erfreuten sich einer dreimal höheren sexuellen Aktivität als ihre Versuchskollegen, die kein Maca bekamen, und waren zu bis zu erstaunlichen 67 Orgasmen in drei Stunden fähig. Daneben zeigten Mäuse mit Erektionsstörungen eine Verbesserung der Symptome.

Maca macht mehr als Lust

Die wertvollen Nährstoffe der Maca-Wurzel bauen bei einer längerfristigen und regelmäßigen Einnahme den menschlichen

Organismus auf, fördern die Konzentration, helfen beim Stressabbau und wirken Erschöpfungszuständen entgegen. Sie sorgen darüber hinaus für innere Harmonie und Ausgeglichenheit.

Gesund und leistungsstark durch Maca

Die Heilpflanze versorgt den ganzen Organismus optimal mit allen notwendigen Vitaminen und Mineralstoffen. Dadurch wird das Immunsystem gestärkt, und der Körper ist weit weniger anfällig für Erkrankungen. Ein ausgeglichener Vitalstoffhaushalt sorgt darüber hinaus für mehr Energie und Vitalität, das allgemeine Wohlbefinden, Leistung und Ausdauer werden zudem gesteigert. Auch bei menopausalen Befindlichkeitsstörungen wie beispielsweise Hitzewallungen, depressiven Verstimmungen und natürlich auch Libidoverlust können mit Maca gute Erfolge erzielt werden. ✖

Was Maca bei Mann und Frau bewirken kann

- Nachhaltige Stärkung der Libido
- Förderung der Fruchtbarkeit
- Steigerung von allgemeiner sexueller Ausdauer und Leistungsfähigkeit
- Hilfe bei Erektionsstörungen
- Revitalisierung des Organismus und Stärkung der Immunkraft
- Ausgleich von Zyklusunregelmäßigkeiten
- Linderung von Wechseljahrebeschwerden wie Schlaflosigkeit, Stimmungsschwankungen, Hitzewallungen, trockener Haut etc.
- Bekämpfung von Antriebslosigkeit, chronischer Müdigkeit und Erschöpfungszuständen
- Verbesserung des allgemeinen Wohlbefindens
- Abbau von Stress

Die hohe Kunst des Liebens

● Mit diesem Kapitel möchte ich Sie ins Zentrum der sexuellen Lust entführen. Sie werden erfahren, wie und wo Lust entsteht, wie Unlust vermieden werden kann und wie sich die sexuelle Aktivität, die Appetenz, steigern lässt. Hierbei geht es jedoch nicht ausschließlich um Fakten und um das Wissen biochemischer Prozesse oder um die Kenntnis psychologischer Reaktionsmuster. Es geht vielmehr darum, dass die individuelle und subjektive Wahrnehmung und Bedeutung das sexuelle Verhalten der Menschen bestimmen. In seinen erotischen Vorlieben und Bedürfnissen gleicht kaum ein Mensch dem anderen. Wie die Biochemie der Lust genau funktioniert, dazu wurden in den letzten Jahren zahlreiche Ansätze in der Gen- und Evolutionsbiologie wie auch auf anderen wissenschaftlichen Sektoren gefunden.

Diese Erkenntnisse haben veraltete Vorstellungen der Sexualität revolutioniert. Was Sie hierbei vielleicht nicht weiter überraschen wird: Männer und Frauen unterscheiden sich in ihrem Verhalten in Sachen Liebe und Sex und in ihrem Empfinden tatsächlich grundlegend. ✖

Was ist eigentlich sexuelle Lust?

Lust und Liebe sind wichtige Teile unseres Lebens. Nirgends sonst ist die Beziehung zwischen Körper und Seele so unmissverständlich, und nichts sonst hat einen so großen Einfluss auf unser körperliches und geistiges Wohlbefinden.

Vom Umgang mit der Lust

In allen Kulturen und zu allen Zeiten schon wurde das Bedürfnis nach Anerkennung, Geborgenheit und Nähe am einfachsten durch Intimität erfüllt. Eine besondere Form der Intimität ist die Sexualität, denn in keiner anderen Situation ist der Mensch so verletzbar und schutzlos wie in seiner bloßen Körperlichkeit und seinem Begehren. Doch gerade alles Körperliche ist es, das im Verlauf der Sozialisation der Menschheit über die Jahrhunderte, Jahrtausende immer wieder verboten, unterdrückt, verdammt und in seiner Bedeutung für das Wohl der Menschen unterschätzt wurde.

Kirchliche Restriktionen im Mittelalter

So facettenreich die Sexualität selbst ist, so vielfältig sind auch die Ansichten über und der Umgang mit der körperlichen Liebe. Im Mittelalter beispielsweise proklamierten die Theologen Sexualität als Ursache für »die Verdammnis der Menschheit und deren Vertreibung aus dem Paradies«[1]. Mit der Verführung Adams durch Eva wurde durch die Frau aus christlicher Sicht der Tod in die Welt gebracht und durch ihre Sexualität fortgeführt. Sexuelle Lust wurde folglich gerne als Generalursache für alles bemüht, das entgegen der christlichen Lehre stand. So stellte die Kirche nicht nur eine enge Verbindung zwischen Hexerei und körperlicher Ausschweifung her, sie bekämpfte auch vehement alle heidnischen Bräuche, die den Geschlechtsakt in den Mittelpunkt ihrer Zeremonie stellten.

Naturreligionen – Frauen und Fruchtbarkeit

Doch gerade bei den Naturvölkern war die Sexualität seit der Urzeit ein wesentlicher und vollkommen natürlicher Bestandteil ihrer Religionen. In den alten germani-

schen Sprachen bedeutet Lust soviel wie »religiöse Freude«[2], und ihre Verehrung und Ehrfurcht galt der Göttin der Fruchtbarkeit, der großen Mutter Erde, die Herrscherin über alles Leben war. In ihren Riten von den Christen als unzüchtig verachtet, leisteten viele Naturvölker auch unter dem Knüppel der Inquisition dem Verbot ihrer Bräuche erbitterten Wider-

Die in der neuen Kirche wenig willkommenen Frauen waren es, die altes Wissen bewahrten und an ihre Töchter weitergaben.

stand. Zu eng war die Hoffnung auf eine gute Ernte mit dem Glauben an die Gnade und Fruchtbarkeit der großen Mutter verbunden. In ihrem Ermessen lagen die richtigen zyklischen Abläufe in der Natur, und sie galt es mit Geschenken, Spielen und Tänzen zu besänftigen. Die Frau genoss höchstes Ansehen und Autorität, doch das martialisch dominierte Christentum gab sich große Mühe, diese weibliche Macht zu zerstören.

Sexuelles Matriarchat

Auch in anderen Kulturkreisen wurde der weiblichen Sexualität als Ursprung des Lebens Ehrfurcht entgegengebracht. So bedeutete im alten Ägypten der sexuelle Akt, »mit einer Frau vertraut zu sein«. Die

Zur Info

Die Sexualfeindlichkeit der Christen kannte keine Grenzen. Viele Teile der Welt wurden von Missionaren bereist, die versuchten, die dortigen Ureinwohner nach christlichen Vorstellungen zu sexueller Zucht und Ordnung zu erziehen. Die unter den Naturvölkern seit Generationen bekannte und praktizierte pflanzliche Heilkunde wurde als Hexenwissen verbannt und die Ausübung mit inquisitorischer Härte bestraft.

Frauen waren es hier, die sich ihre Liebhaber aussuchten und die von den Männern mit Respekt behandelt wurden.

Harte Zeiten für die weibliche Lust

Im Viktorianischen Zeitalter hatte die weibliche Sexualität dann sehr zu leiden. Bis ins 19. Jahrhundert galt im Westen jede Form der sinnlichen Freude als unzüchtig und schamlos. Die höchste Form der Moral war das »Unterdrücken wollüstiger Regungen«[3]. Sex wurde auf ein notwendiges Übel zum Erhalt der Menschheit reduziert, der ohnehin nur ehelich erlaubte Geschlechtsverkehr sollte rein mechanisch vonstatten gehen. Der weibliche Orgasmus galt als nicht existent, und als Frau beim Sex Lust zu empfinden, verhindere nicht nur eine Empfängnis[4], sondern galt als höchst schädlich für die eheliche Gemeinschaft. Frauen lernten, den Geschlechtsverkehr zu hassen und die männlichen Gelüste als widerlich zu verachten. Die Auswirkungen dieser Unterdrückung der Sexualität und damit auch der Lebensfreude auf Körper und Seele waren fatal.

Ohne Lust nur Frust

Heute weiß man, dass die Unterdrückung der Triebe bei Tieren aggressives Verhalten auslöst. Das natürliche Ausleben der Sexualität dagegen hat ein friedliches Miteinander zur Folge.[5] Wen wundert es also, dass die Missachtung der sexuellen Bedürfnisse häufig nicht nur zu Frustration führt, sondern auch zu Gewalttätigkeit. Genauso kann man sich fragen, warum das »älteste Gewerbe der Welt«, die Prostitution, selbst in den dunkelsten Zeiten sexueller Verleumdung und Prüderie immer auch dort existierte, wo Menschen zu finden waren. Der Wunsch nach der Befriedigung sexueller Bedürfnisse gehört zu den Menschen wie das Bedürfnis zu essen, wenn man hungrig ist. Doch gerade weil es zu unserer Natur gehört, wird der Mensch in seinem sexuellen Empfinden so berechen- und angreifbar. ✖

Dimensionen der Sexualität

In diesem Buch soll ausschließlich die sexuelle Lust unser Thema sein. Es geht um die sexuelle Lust oder Libido, wie sie Menschen in Paarbeziehungen erleben, die frei sind von krankheitsbedingten Einschränkungen ihres Lustempfindens. Ich möchte hier betonen, dass ernsthafte körperliche und psychische Krankheiten immer durch einen erfahrenen Fachmann behandelt werden müssen!

Die Energie der körperlichen Liebe

Das »Pschyrembel Wörterbuch Sexualität« beschreibt Libido als »Energie des Sexualtriebs, die den Menschen dazu veranlasst,

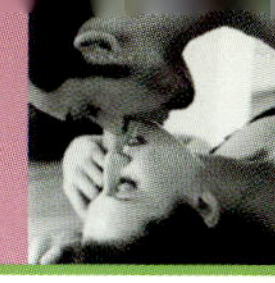

Zur Info

Mit Erfindung der Antibabypille in den 1950er Jahren war eine Entkopplung der Verbindung von reproduktiver Dimension und Lustdimension überhaupt erst möglich. Die große Angst vor einer ungewollten Schwangerschaft, die viele Frauen in ihrer Sexualität stark gehemmt hat, wurde gegenstandslos.

aus den erogenen Zonen des Körpers Lust zu gewinnen«. Lust erfährt jeder Mensch durch das mehr oder weniger bewusste Erleben eines sinnlichen Glücksgefühls, das bei der Erfüllung einer körperlichen Begierde hervorgerufen wird.

Die Dreidimensionalität der Lust

Die Dimension der Sexualität und damit ihre Funktionalität sind sehr komplex. Die Sexualmediziner Klaus Beyer und Hartmut Bosinski unterscheiden zwischen der beziehungsorientierten Dimension der Sexualität, der reproduktiven Dimension und der Lustdimension. Die beziehungsorientierte Dimension bedient die Befriedigung von psychosozialen Grundbedürfnissen wie Nähe, Sicherheit und Geborgenheit. Unter der reproduktiven Dimension versteht man die Bedeutung der Sexualität für die Fortpflanzung. Natürlich stehen alle drei Bereiche in enger Korrelation zueinander; auch ist die Existenz einer Dimension ohne die anderen nicht denkbar. Wenn wir jedoch hier von Lust sprechen, dann ist damit nicht die Lust an der Arbeit oder gutem Wein gemeint, sondern ausschließlich die sexuelle Lust. Und wie es so häufig ist, merkt man erst, wenn die Lust plötzlich fehlt, dass etwas Beglückendes verloren gegangen ist, das einen wesentlichen Beitrag geleistet hat zur inneren Ausgeglichenheit und Harmonie. ✖

Sex macht gesund

Ein sinnliches und befriedigendes Sexleben sorgt nicht nur für mehr innere Ausgeglichenheit und Zufriedenheit. Sex, in welcher Form auch immer, ist die beste Präventivmaßnahme für den Erhalt körperlicher Gesundheit und Leistungskraft. Und die gibt's sogar ohne Rezept!

Vorsicht vor Immunkraftzerstörern!

Zwischen unserem Hormon-, dem Nerven- und dem Immunsystem besteht ein reger Informationsaustausch. Stehen wir beispielsweise unter Stress und unsere Nerven sind zum Zerreißen gespannt, tritt das Stresshormon Cortisol auf den Plan.

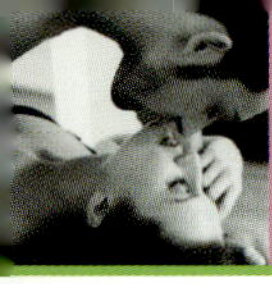

Das Cortisol wird von der Nebenniere produziert und abgegeben und gilt als der Immunkraftzerstörer überhaupt. Ist die körperliche oder emotionale Überlastung aufgrund von Prüfungsstress, Trennungsschmerz oder Trauer nun von längerer Dauer, steigt der Cortisolspiegel im Organismus, und die Abwehrkraft sinkt. Wir werden müde, schlapp und anfällig für jede Art von Krankheiten.

Liebend (gerne) etwas für die Gesundheit tun

Jetzt die gute Nachricht: Sex hilft, Stress abzubauen! Wer sich regelmäßig den Freuden zwischen den Laken hingibt, der tut damit nicht nur etwas für die Partnerschaft. Er sorgt auch dafür, dass er nicht nur besser, sondern auch länger gut lebt. Beim Sex setzt der Körper eine Reihe von Hormonen und Botenstoffen frei, die dem Cortisol den Kampf ansagen. Sie sorgen dafür, dass das Immunsystem funktioniert und wir körperlich wie geistig leistungsfähig bleiben.

Gut zu wissen !

Mit steigender Erregung werden körpereigene Endorphine produziert, die eine morphiumähnliche Wirkung haben. Sex hilft also auch bei Bauchkrämpfen und Migräne, denn das Schmerzempfinden kann durch die körpereigenen Schmerzmittel um bis zu 70 Prozent sinken.

Durch regelmäßigen Koitus produziert der Körper vermehrt den Antikörper Immunglobin, der das Immunsystem stärkt und zusätzlich die Wundheilung positiv beeinflusst.

Dass es überhaupt zum Sex kommt, verdanken wir in erster Linie den Geschlechtshormonen, die in unserem Körper natürlich noch andere Aufgaben haben, als für Lust und Liebe zu sorgen. Beim Geschlechtsakt findet zwischen den Partnern ein reger Austausch von Östrogen und Testosteron in der Scheide statt, der die Gesundheit im Gleichgewicht hält und dafür sorgt, dass das sinnliche Begehren auf natürlichem Weg angeregt wird.

Gute Gründe für mehr Sex

Beim Liebesakt passiert also eine ganze Menge, das für unsere Gesundheit und unser Wohlbefinden wichtig ist. Sex begünstigt nicht nur den Stressabbau und führt zum Austausch der Geschlechtshormone, er bringt in unserem Organismus viele wichtige Prozesse in Gang.

1. Sauerstoffversorgung
Je größer die Erregung, umso tiefer die Atemzüge. Sex ist also ideal, um den Organismus einmal ordentlich mit Sauerstoff zu versorgen. Der Orgasmus schließlich verführt uns sogar zu einer Frequenz von bis zu 40 Atemzügen pro Minute.

2. Durchblutung
Ähnliches gilt für die Durchblutung. Unser Herz schlägt beim Liebesspiel etwa 120 Mal pro Minute, und bei einem Orgasmus geht der Blutdruck kurzfristig in die Höhe. Außerdem wird durch das Schwitzen auch die Durchblutung der Haut angeregt. Die Poren werden von Unreinheiten gesäubert und das Bindegewebe wird gestrafft. Das erfreuliche Ergebnis: Die Haut wird glatt und prall. Für Männer gilt außerdem: Die vermehrte Durchblutung der Geschlechtsorgane kann einer Prostataerkrankung vorbeugen.

3. Kalorienverbrauch
Auf der Hitliste der Schlankmacher steht Sex ganz oben. Bei dieser Art des Muskeltrainings können bis zu 350 Kalorien in 30 Minuten verbraucht werden – vorausgesetzt, Sie sind richtig bei der Sache.

4. Herz und Kreislauf
Sex ist das ideale Kreislauftraining. Zehn Minuten Schneeschaufeln oder vier Etagen Treppensteigen belasten das Herz deutlich mehr als zweisame Sinnesfreuden, die aber nichtsdestotrotz durchaus kräftigend auf unser Herz-Kreislauf-System wirken.

Eine aus welchen Gründen auch immer nicht gelebte Sexualität ist also keineswegs eine Nebensächlichkeit, sondern kann tatsächlich gesundheitliche Probleme zur Folge haben. Nehmen Sie eine sexuelle Störung also bitte nicht auf die leichte Schulter, sondern lassen Sie sich von Fachärzten Ihres Vertrauens beraten – Ihrer Gesundheit zuliebe! ✖

Gut zu wissen !

Übrigens muss man nicht unbedingt immer Geschlechtsverkehr haben, um gesundheitlich von der Erotik zu profitieren. Schon das Streicheln und Massieren der Haut stimuliert die Nerven mit einem angenehmen Effekt. Endorphine werden ausgeschüttet, die für körperliche und geistige Entspannung sorgen, Ängste mindern und sogar schmerzlindernd wirken können.

Erkaltete Leidenschaft

Dass wir keine Lust auf Sex mehr haben, liegt nicht immer am falschen oder fehlenden Partner. Körperliche Beschwerden und psychische Belastungen können entscheidenden Einfluss auf die Libido haben.

Wachsende Unlust

In Deutschland lässt nach eigenen Angaben bei etwa zwei Drittel aller Paare das Liebesleben viele Wünsche offen. Dabei sind es entgegen vielen Vorurteilen überhaupt nicht in erster Linie die Frauen, die sich gerne um den partnerschaftlichen Nahverkehr drücken. Mediziner und Sexualberater beobachten seit einigen Jahren, dass das Verhältnis der Männer mit reduziertem sexuellem Verlangen gegenüber den Frauen nahezu ausgeglichen ist. Die Gründe für die um sich greifende sexuelle Unlust sind also nicht geschlechtsspezifisch. Körperliche Ursachen für die mangelnde Libido können Medikamente sein, Suchtmittel wie Alkohol, Nikotin oder andere Drogen, Körperbehinderungen und auch chronische Krankheiten wie etwa Diabetes mellitus oder Bluthochdruck. Aber auch einfach das fortschreitende Alter und die damit einhergehende Umstellung im Hormonhaushalt können weitreichende Folgen für die Liebe haben. ✖

Weil die Schulmedizin dem Arzt und Psychoanalytiker Sigmund Freud viele Krankheitsbilder nicht erklären konnte, dachte er mal an etwas ganz anderes: Er dachte an Sex.

Unsere Liebesgewohnheiten verändern sich

»Wer zweimal mit der Gleichen pennt, gehört schon zum Establishment.« Solche Parolen der sexuellen Revolution in den 1960er Jahren haben am Anfang des neuen Jahrtausends längst ihre Gültigkeit verloren. Auch die Einführung der Antibabypille trug zu einer körperlichen Freizügigkeit bei, in der Sex und Liebe nur am Rande miteinander zu tun hatten. Denn

die Triebe konnten endlich und sollten bitteschön auch ausgelebt werden. Inzwischen haben wir uns wohl daran gewöhnt, dass erlaubt ist, was gefällt, und die sexuelle Reizüberflutung, mit der wir tagtäglich konfrontiert sind, hilft nicht unbedingt, die Neugier auf das Sinnlich-Geheimnisvolle zu bewahren, das doch eigentlich in jedem Fall zur Erotik und Sexualität gehören sollte.

Zahlen & Fakten %

Eine der aufwändigsten Untersuchungen in den USA hat 1994 zumindest geklärt, dass die Zeit des regen Partnerwechsels vorbei zu sein scheint. Von 3.432 befragten Personen gaben nämlich 71 Prozent an, im vergangenen Jahr mit einem Partner geschlafen zu haben, 14 Prozent hatten drei bis vier unterschiedliche Sexpartner, drei Prozent mehr als fünf und 12 Prozent hatten sogar gar keinen Geschlechtsverkehr.

Haben wir den Sex tatsächlich satt?

Die Tabulosigkeit in den Medien kennt heute keine Grenzen, und wenn wir Wissenschaftlern Glauben schenken, ist unserer übersexualisierten Gesellschaft die Lust auf Sex gründlich vergangen. Wer

Je populärer und offensiver die Medien alle möglichen Formen der Sexualität bis hin zur Geschmacklosigkeit darstellen, umso mehr verschwindet die Erotik aus unseren Schlafzimmern.

schließlich fühlt sich schon dem Vergleich mit perfekt gebauten Models gewachsen, die uns allerorts in Hochglanzmagazinen und von Plakatwänden herab zu verstehen geben, wie ein attraktiver und erotischer Körper auszusehen hat. Über die Medien wird uns gnadenlos diktiert, was sexy ist und was nicht, was Männer respektive Frauen scharf macht und wie oft wir Sex haben müssen, um als »normal« gelten zu dürfen.

Doch erstaunlicherweise hat die sexuelle Freiheit eine Gegenrevolution hervorgerufen – die Langzeitbeziehung liegt wieder im Trend, und das nicht nur, weil durch die Immunschwächekrankheit AIDS jeder One-Night-Stand zum lebensgefährdenden Gesundheitsrisiko geworden ist. All das Gerede um »die schönste Sache der Welt« hat nicht sehr viel mit der Realität zu tun, wie sie sich in der Mehrheit der Schlafzimmer heute abspielt. ✖

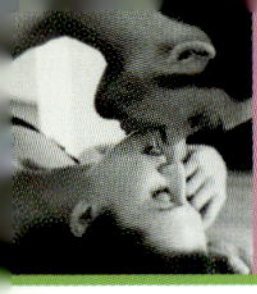

Sex nach der biologischen Uhr?

Ein zeitlich abgegrenztes Brunftverhalten ist beim »Säugetier Mensch« nicht zu beobachten. Insbesondere das Dogma, dass Frauen speziell zur Ovulation die größte sexuelle Lust haben, ist heute nicht mehr haltbar. Den Studien, die dieses beweisen, steht eine größere Anzahl von Untersuchungen gegenüber, die herausgefunden haben, dass die sexuelle Aktivität direkt vor und nach der Menstruation am größten ist.

Sexuelle Funktionsstörungen

Sexuelle Funktionsstörungen betreffen allgemein sexuelle Appetenz-, Erregungs- und Orgasmusstörungen. Ursachen dafür finden sich im psychischen wie auch im somatischen Bereich. Aus organischer Sicht sind die physiologischen und biochemischen Prozesse der Erregungsübertragung im männlichen und weiblichen Genitalbereich in etwa identisch. Das heißt, sexuelle Funktionsstörungen sind bei Frauen und Männern hinsichtlich ihrer organbezogenen Physiologie die beiden Seiten ein und derselben Medaille.

Männer haben's schwerer

Das Gegenteil der Lust ist die Unlust oder sexuelle Inappetenz, wie es in der Fachsprache heißt. Aus den USA werden hierzu ausgesprochen dramatische Zahlen gemeldet: 38 Millionen Männer und Frauen haben dort keine Lust auf Sex. Wo Frauen allerdings ihre Unlust immer noch kaschieren können oder eben auch mal Nein sagen, ohne anfallsartige Kopfschmerzen oder Menstruationsbeschwerden zu bemühen, ist es für Männer eigentlich unmöglich, ihre fehlende Liebeslust zu überspielen. Schließlich ist ein eregierter Penis schlecht vorzutäuschen. Was sind aber die Ursachen dafür, wenn sich so überhaupt nichts mehr in den Schlafzimmern bewegt?

In Deutschland sind es laut einer Umfrage der Zeitschrift »Psychologie heute« sogar 48 Prozent, die mit ihrem Liebesleben unzufrieden sind.

Krankheiten verderben den Spaß am Sex

Lustlosigkeit und sexuelle Störungen haben ihre Ursache entgegen landläufigen Vorurteilen nicht immer und ausschließlich in der Psyche. Inzwischen weiß man, dass ein erkaltetes Liebesleben natürlich auch körperliche Gründe haben kann. Eine Infektion im Scheidenbereich beispielsweise kann jeder Frau den Spaß am Sex nehmen. Juckreiz, Brennen und Ausfluss sind typische Symptome, die auf eine gestörte Scheidenflora hinweisen. Das normalerweise saure Milieu (pH-Wert 3,5 bis 4,8) in der Vagina hemmt die Ausbreitung von Krankheitserregern. Gerät der Säurespiegel durch Hormonstörungen oder Antibiotika aus dem Gleichgewicht, steht der Ausbreitung von Bakterien und Pilzen nichts mehr im Weg. Solche Scheidenentzündungen können auch durch einen Östrogenmangel hervorgerufen werden. Für Frauen nach der Menopause ist das Risiko, an einer solchen atrophischen Kolpitis zu erkranken, naturgemäß besonders hoch. Zwar werden die Krankheitserreger beim Sex auch auf Männer übertragen, jedoch lösen sie weniger unangenehme oder auch gar keine Symptome aus. Besonders schmerzhaft sind die »Bläschenkrankheit« (Herpes genitalis) und die schwere »Hefepilzerkrankung« (Candidose). Ihre Behandlung gehört in die Hände eines erfahrenen Therapeuten.

Sexualstörungen bei Männern — N = 1511

Alter	Libido-verlust	Ejaculatio praecox	Versagens-ängste	Erektions-störungen
18–24	14%	30%	19%	7%
25–34	13%	32%	17%	7%
35–44	15%	28%	19%	11%
45–59	17%	31%	14%	18%

Sexualstörungen bei Frauen — N = 1921

Alter	Libido-verlust	Lubrikations-störung	Orgasmus-störung	Schmerzen beim GV
18–24	32%	19%	26%	21%
25–34	32%	18%	28%	15%
35–44	30%	21%	22%	13%
45–59	27%	27%	23%	18%

(aus: Hartmut Porst, Manual der Impotenz)

Erektile Dysfunktion (ED)

Sexuelle Funktionsstörungen sind bei Männern auf der ganzen Welt bekannt. Der Umgang damit ist jedoch sehr unterschiedlich. Spricht man in Thailand beispielsweise von einer Taube, die nicht mehr gurrt, ist das die diskrete Umschreibung dessen, was wir hier nüchtern-medizinisch erektile Dysfunktion nennen. Ob diese mangelnde Standhaftigkeit des Penis zum ernsten Problem wird, ist stark kulturell geprägt. Eine besonders gelassene Haltung zeigen die Polynesier, die schon von dem französischen Ethnologen Claude Lévi-Strauss in den 1970er Jahren als positives Beispiel für den offenen und unverkrampften Umgang mit der Sexualität herangezogen wurden. Auf der südpazifischen Inselgruppe sind weder Störung des weiblichen Lustempfindens noch Erektionsstörungen ein Thema, das im Zusammenhang mit ernsthaften Erkrankungen genannt wird. Männer, die im entscheidenden Moment keine Erektion aufbauen können, akzeptieren dies als Hinweis darauf, dass sie eben im Moment keinen Geschlechtsverkehr mit der betreffenden Frau haben sollen. Und damit ist die Sache erledigt.

Die erektile Dysfunktion gilt in Polynesien nicht, wie in vielen anderen Kulturen, als krankhaftes Stigma, sondern als kurzzeitige körperliche Ausnahmesituation.

Selbstbestätigung durch Potenz

In westlichen Ländern besteht häufig ein Zusammenhang zwischen sexuellen Problemen und persönlichen Schwierigkeiten. Für viele Männer hängt ihr individuelles Selbstwertgefühl von ihrer Sexualkompetenz ab, welche die Attraktivität in der Selbstwahrnehmung bestimmt. Besonders

stark ausgeprägt ist das beispielsweise in Lateinamerika oder auch in orientalischen Ländern. Hier schieben von Potenzstörungen betroffene Männer entweder die Schuld auf die mangelnde Fähigkeit der Frau, sie zu erregen, oder sie geben vor, an der eigenen Frau kein Interesse mehr zu haben bzw. sich ihre Befriedigung bei einer Geliebten zu suchen. Diese Probleme zuzugeben, ist hier selbst dem Arzt gegenüber noch stark mit einem Gefühl von Schande verbunden bzw. mit der Angst, das Image als allzeit bereiter Latin Lover zu verlieren.

Hätten Sie's gedacht – die männlichen Potenzprobleme gehören neben Rückenschäden und Umweltallergien zu den häufigsten Zivilisationskrankheiten überhaupt.

Zur Info

Von vielen bedeutenden Männern aus der Geschichte ist bekannt, dass sie unter erektiler Dysfunktion litten. Schriftsteller wie Gustave Flaubert, Marcel Proust oder Jonathan Swift waren beispielsweise betroffen, und auch die Gemahlin des französischen Königs Ludwig XVI. kam nicht in den Genuss der Kraft seiner Lenden. Der Philosoph Immanuel Kant soll sogar Zeit seines Lebens weder Liebe noch Lust kennen gelernt haben.

Fast eine Volkskrankheit

Ähnlich wie in den USA gibt es für Betroffene auch in Deutschland ein breites Spektrum an Behandlungsmöglichkeiten. Das reicht von physikalischen Methoden wie beispielsweise der Vakuumpumpe über die medikamentöse Behandlung mit Enzymblockern bis hin zur Sexual- und Paartherapie. Und der Bedarf ist enorm. Der bekannte und renommmierte Sexualwissenschaftler Hartmut Porst hat herausgefunden, dass insgesamt bis zu 50 Prozent aller Männer zwischen dem 40. und 80. Lebensjahr unter Erektionsstörungen leiden. In Deutschland sind sogar 19 Prozent von schweren Erektionsstörungen betroffen, d.h., es findet überhaupt keine nennenswerte Erektion mehr statt. In erster Linie sind Durchblutungsstörungen die Ursache dafür, dass sich nichts mehr regt. Bluthochdruck, Arteriosklerose und Diabetes mellitus sind nur einige der Krankheiten, die zu einer Verschlechterung des Blutflusses im Organismus führen. Und genau das verhindert dann, dass der Penis steif wird.

Rauchen macht impotent

Raucher sind in besonderem Maß von der erektilen Dysfunktion betroffen. Mit jeder Zigarette erhöht sich der Dopaminspiegel im Gehirn. Das wäre grundsätzlich eigentlich positiv zu bewerten, denn der Neurotransmitter Dopamin sorgt dafür, dass Sie sich erst einmal besser und leistungsfähiger fühlen. Dopamin steigert außerdem das sexuelle Verlangen und die Leistungsbereitschaft. Der regelmäßige Nikotinkonsum führt langfristig jedoch zu Durchblutungsstörungen und einer sklerotischen Veränderung der Blutgefäße. Das hat nicht nur eine Verschlechterung der Hormonproduktion zur Folge, sondern auch negative Auswirkungen auf den Genitalbereich. Die Durchblutung wird reduziert, was neben der erektilen Dysfunktion auch Prostatakrebs begünstigt. Wer viel raucht, nimmt also nicht nur ein erhöhtes Krebs- und Herzinfarktrisiko bewusst in Kauf, er schwächt auch seine Libido bzw. die Potenz. ✖

Aus der Sicht des Andrologen

Heute steht außer Frage, dass schlechte Lebensgewohnheiten wie z. B. das Rauchen, falsche Ernährung, reichlicher Alkoholgenuss und eine mangelnde körperliche Aktivität zur Einbuße und zu erheblichen Störungen der sexuellen Aktivität führen können. Vermuten kann man dagegen nur, dass auch unsere durch Schadstoffe mehr als überstrapazierte Umwelt einen Einfluss auf die Spermienqualität des Mannes hat und damit auf lange Sicht gesehen die Zeugungsfähigkeit infrage stehen könnte.

Interview mit Herrn Dr. med. Wolfgang te Breuil, Urologe und Androloge, Düsseldorf

1. Stimmt es, dass die Spermienqualität und -quantität in den letzten Jahrzehnten abgenommen hat?
Dr. te Breuil: Grundsätzlich ist eine Tendenz vorhanden, die besagt, dass in den letzten zehn Jahren eine Reduktion der Spermienzahl und auch der Spermienqualität eingetreten ist. Nach den Richtlinien des »WHO Laborhandbuch zur Untersuchung des menschlichen Ejakulats« sind die Normaldaten von 60 Mio. Spermien pro Ejakulat auf 20 Mio. Spermien pro Ejakulat herabgesetzt worden.

2. Bedeutet das eine Zunahme der Infertilität junger Paare?
Dr. te Breuil: Diese Annahme ist sicherlich richtig. Ein anderer Aspekt ist die Steigerung des Durchschnittsalters zukünftiger Eltern. Mütter bekommen ihre Kinder etwa fünf bis sieben Jahre später als noch vor 20 Jahren, und auch die Väter sind heute bereits etwa 35 Jahre alt. Dieser Zeitfaktor ist eine signifikante Belastung für die Fertilität.

3. Können für Infertilität auch Umweltschäden und -gifte verantwortlich gemacht werden?

Dr. te Breuil: Ja. Vor allem übermäßiger Alkohol- und Nikotingenuss, aber auch Lifestyledrogen jeder Art, von Anabolika bis hin zu Marihuana, Kokain und Opiaten, sind inzwischen eindeutig als belastende Faktoren für die Fertilität identifiziert worden. Unabhängig von dem individuellen Missbrauch wirken sich aber auch die Belastung durch Schwermetalle, komplexe chlororganische Verbindungen oder auch extreme Hitze negativ auf das reproduktive Hodengewebe aus.

4. Wenn man also eine deutliche Einbuße der Reproduktionsfähigkeit durch oben genannte Faktoren feststellen kann, stellt sich natürlich sofort die Frage, ob dies auch für die Beeinträchtigung der sexuellen Lust gilt.

Dr. te Breuil: Eine exakte wissenschaftliche Datenlage gibt es zum aktuellen Zeitpunkt noch nicht. Erfahrungswerte zeigen jedoch, dass gewisse Parallelen existieren. Vor allem wird die sexuelle Lust stark belastet durch die inzwischen mehr als bekannten Zivilisationsübel Alkohol und Nikotin sowie eine falsche Ernährung, die wiederum zu Übergewicht, Bluthochdruck und Diabetes mellitus führen.

5. Für manifeste Sexualstörungen beim Mann stehen uns neue wirksame Medikamente zur Verfügung, die nur die Erek-

tionsfähigkeit des männlichen Glieds verbessern. Unberührt bleibt hiervon allerdings die sexuelle Lust oder Unlust. Was nützt eine treffliche Erektion, wenn primär keine Lust besteht? Was können Sie aus andrologischer Sicht empfehlen, um die Lust zu steigern?

Dr. te Breuil: Diese Frage zielt auf die große Zahl der Menschen ab, die zwar organisch vollkommen gesund sind, die aber unter großem beruflichem oder privatem Stress stehen und dadurch unter einer deutlichen Abnahme ihrer sexuellen Lust leiden. Hier ist der Einsatz von natürlichen Präparaten wie beispielsweise Maca zu empfehlen, die nicht nur die sexuelle Lust steigern, sondern aufgrund der vielen wertvollen Inhaltsstoffe den gesamten Organismus stärken. ✖

Die Sache mit dem Alter

Für Männer und Frauen gleichermaßen unausweichlich ist der Prozess des Älterwerdens. Bereits mit Mitte 20 haben wir unseren Höhepunkt an Vitalität und Leistungskraft erreicht. Ab diesem Zeitpunkt verringert sich die tägliche Hormonproduktion unaufhaltsam. Je nach unserer individuellen körperlichen und psychischen

Zusätzlich geben uns erste Fältchen und graue Haare deutlich zu verstehen: Jetzt wirst du alt!

Belastung haben wir mit Mitte 30 bereits 25 bis 30 Prozent unserer körpereigenen Immunkraft und Regenerationsfunktion verloren. Das hat natürlich Auswirkungen auf unsere Vitalität und unser Wohlbefinden. Wir klagen über Antriebslosigkeit, fehlende Energie und wir merken schmerzlich, dass unser Körper Schlafmangel, Alkohol- und Ernährungssünden nicht mehr so ohne weiteres verkraftet wie vielleicht noch vor ein paar Jahren. Dazu kommen erste Fältchen und graue Haare, und alles in allem wird uns deutlich bewusst: Jetzt wirst du alt!

Der Körper setzt neue Maßstäbe

Ein niedriger Hormonspiegel hat auch einen entscheidenden Einfluss auf unser Liebesleben. Sind es doch die Geschlechtshormone Östrogen und Testosteron, die unter anderem für Lust und Liebe sorgen; daher sinkt mit den Hormonen auch das Interesse am Sex. Besonders Frauen bekommen das während der Wechseljahre deutlich zu spüren. Etwa um das 45. Lebensjahr beginnt sich der Körper einer Frau grundlegend zu verändern. Haut und Haare werden trocken, Brüste und Gesäß folgen den Gesetzen der Schwerkraft, der Fettstoffwechsel funktioniert plötzlich nach anderen Regeln, und frau wundert sich über nicht weichen wollende

Gut zu wissen

Auch wenn die Östrogene keinen direkten Einfluss auf die sexuelle Dynamik bei den Frauen haben, steht der Abfall des Östrogenspiegels in den Wechseljahren dennoch in direkter Verbindung mit dem Verlust der Libido. Durch den niedrigen Östrogenspiegel verursachte Scheidentrockenheit und dadurch Schmerzen beim Geschlechtsverkehr sind weitere Gründe, warum vielen Frauen in den Wechseljahren die Lust auf mehr einfach vergeht.

Fettpölsterchen an den Hüften. Schlafstörungen, Hitzewallungen und depressive Verstimmungen machen das Leben zusätzlich schwer und setzen der Leidenschaft ganz natürliche Grenzen. Das Östrogen sinkt auf ein Minimum und sorgt dadurch für das Ausbleiben der Menstruation. Dies ist eine Tatsache, die für viele Frauen nicht nur körperlich ungewohnt, sondern auch psychisch schwer zu verarbeiten ist, denn die fruchtbaren Jahre sind nun endgültig und unwiederbringlich vorüber.

Sex gegen Unlust

Dabei können gerade körperliche Beschwerden im Genitalbereich wie beispielsweise Scheidentrockenheit durch ein aktives Liebesleben gelindert werden. Denn durch den Sex wird nicht nur die Produktion von Östrogen angeregt, auch die Geschlechtsorgane werden besser durchblutet, und die Sekretion der Scheidenflüssigkeit verbessert sich. Liebe macht also durchaus auch mehr Lust, wenngleich inzwischen erwiesen ist, dass die sexuelle Erregbarkeit mit dem Alter sinkt und auch die Orgasmusphasen kürzer werden. Doch ist das alles noch lange kein Grund, gleich ganz darauf zu verzichten, oder?

Auch Männer haben Wechseljahre

Männer sind da etwas besser dran. Zwar leiden sie genauso wie Frauen unter dem Abfall der Hormonproduktion, doch ist die so genannte Andropause nicht von so gravierenden körperlichen Symptomen begleitet wie die Menopause bei den Frauen. Für Männer wird der Sex nicht von einem Tag auf den anderen bedeutungslos, und auch die Potenz verfliegt natürlich nicht über Nacht. Die Entwicklung verläuft eher schleichend und kann bereits mit dem 40. Lebensjahr beginnen. Eine interessante Studie der Frankfurter Psychologin Annette Degenhardt ergab, dass von insgesamt 240 befragten Männern

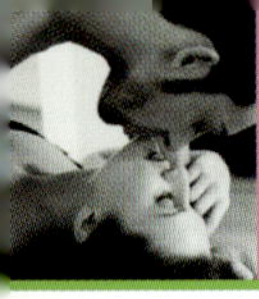

zwischen 35 und 64 Jahren 55 Prozent ein nachlassendes Interesse am Sex verspürten. Für das »Climacterium virile« typisch sind folgende Ergebnisse: 29 Prozent klagten über Potenzstörungen, 23 Prozent litten unter Hitzewallungen und Schwindelgefühlen, und 60 Prozent bemerkten an sich selbst eine verstärkte Reizbarkeit und deutliche Konzentrationsschwierigkeiten.

Die Libido der Männer ist also genauso Schwankungen unterworfen wie die weibliche Lust.

Gut zu wissen !

Der Endokrinologe J. Huber hat festgestellt, dass es nicht ausreicht, die Libido der Menschen ausschließlich von der hormonellen Situation abhängig zu machen. Gesundheitliche Faktoren und auch persönliche Umstände wie z. B. Ärger im Büro, Zeitmangel oder eine sexuelle Reizüberflutung durch die Medien nehmen hier deutlich Einfluss.

Krankheitsbedingte Potenzprobleme

Vor allem organische Ursachen wie Gefäßverkalkung und Durchblutungsstörungen kann man mit zunehmendem Alter für die mangelnde Standhaftigkeit des Penis verantwortlich machen. Außerdem führen auch bei Männern Hormonstörungen zu einer Dämpfung der Potenz. Gleiches gilt für Rheuma, Diabetes mellitus, Leber- und Nierenerkrankungen, Schädigung des Nervensystems sowie die Einnahme unterschiedlichster Medikamente wie z. B. Betablocker oder Antidepressiva.

Die Qualität steigt mit dem Alter

Insgesamt kann man nur immer wieder betonen, dass Sex in keinem Fall negativ an das Alter gekoppelt ist. Der Sex verliert im Alter selbstverständlich auch nicht an Qualität, aber er verändert sich natürlich, weil sich die Bedürfnisse unseres Körpers verändern. Die Sexualität muss also neu bewertet, und Veränderungen müssen nicht nur bei sich selbst, sondern auch beim Partner akzeptiert werden. Mit Toleranz und Verständnis für den anderen ist eine sinnliche und erfüllte Sexualität im Alter genauso möglich wie in jungen Jahren, auch wenn uns die Medien den Sex immer wieder gerne als Vorrecht der Jugend verkaufen möchten. ✖

Stress als Sexbremse

Viele stressgeplagte Menschen klagen über ein unbefriedigendes, wenn überhaupt vorhandenes Liebesleben. Kein Wunder, denn ständiger Zeitmangel und permanenter Leistungsdruck gehören zu den Lustkillern Nummer eins.

Was bedeutet Stress für unsere Sexualität?

Stress gehört heute zu den häufigsten Ursachen für die Flaute im Schlafzimmer. Die Anforderungen des Alltags, beruflicher Stress und die Angst vor Arbeitslosigkeit und finanziellen Engpässen machen vielen Menschen das Leben oft derart schwer, dass es ihnen unmöglich ist, sich physisch und emotional auf den Partner einzulassen. Das Phänomen Stress in seiner Vielschichtigkeit auf wenigen Seiten darzustellen, ist nicht möglich und auch nicht Absicht dieses Buches. Der großen Einfluss, den der Stress auf unsere Sexualität und Libido hat, rechtfertigt hier jedoch eine ausführliche Beschäftigung mit dem Thema.

Alltagssorgen kontra Liebesleben

Die Anforderungen im Beruf, aber auch der selbst auferlegte Freizeitstress, das Bewusstsein, nicht versagen zu dürfen, rufen ein Bedürfnis nach Konstanz und Stabilität hervor, die in einer Partnerschaft gesucht und im Idealfall auch gefunden werden. Doch lauert hier schon die nächste Falle, denn woher soll z.B. der Geld verdienende Familienvater die spielerische Leichtigkeit für den Akt nehmen, wenn er tagsüber im Büro mit Frust und Ärger zu kämpfen hat, abends die Kinder und der Hund unterhalten werden wollen und nachts die fitnessgestählte Gattin sehnsuchtsvoll zwischen den Laken wartet? Aber auch Frauen leiden natürlich unter den Anforderungen, die sie zu bewältigen haben. Mit ihrer Rolle als Hausfrau, Mutter, Berufstätige und Geliebte ist sie mehr als ausgelastet, und Orgasmusstörungen scheinen vielfach vorprogrammiert.

Und wie behandeln Sie Ihr Auto?

Die Seele reagiert auf diese und andere Arten von Dauerstress, wie wir sie ständig erleben, mit dem Verlust der Libido. Sexuelle Probleme werden zwar zur Kenntnis genommen und auch als Beeinträchtigung der Lebensqualität empfunden. Sich professionelle Hilfe zu suchen, wird jedoch von vielen Betroffenen immer noch abgelehnt, weil man nicht darüber spricht und es einem unangenehm ist, in diesem Bereich nicht zu »funktionieren«. Was tun Sie denn, wenn Sie Probleme mit Ihrem Auto haben? Sie bringen es doch auch in die Werkstatt und lassen es nicht einfach am Straßenrand stehen, wenn es nicht mehr fährt. Ich staune oft, wenn ich sehe, dass viele Menschen ihrem eigenen Körper weniger Fürsorge und Wertschätzung entgegenbringen als ihrem Auto. ✖

Zahlen & Fakten %

Eine repräsentative Umfrage des FOCUS (Nr. 42/1995) ergab, dass jeder Dritte unter Stress generell die Lust auf Sex verliert. 46 Prozent der Befragten zwischen 35 und 54 Jahren waren in Stressphasen nicht mal mehr für Zärtlichkeiten zu haben. Des Weiteren machen 66 Prozent der Frauen und 61 Prozent der Männer beruflichen Stress für ein erlahmtes Liebesleben verantwortlich.

Raus aus der Stressfalle!

Stress schlägt also nicht nur auf den Magen, er fungiert auch als Sexbremse. Doch wo Migräne und Herzbeschwerden als Stresssymptome breite Anerkennung und Behandlungsmöglichkeiten finden, wird die Verbindung zwischen Stress und Sexualität bestenfalls erkannt, aber deswegen noch lange nicht behandelt.

Interview mit Herrn Dipl. Psych. Louis Lewitan, Stressforscher und Verhaltenstherapeut, München

1. Was bedeutet Stress? Welche spezifischen und unspezifischen Ursachen können Stress hervorrufen?

Lewitan: Stress ist eine Form der physischen und psychischen Anspannung, die einen Prozess der Anpassung an interne und externe Anforderungen kennzeichnet. Jede Aufgabe, die an uns also von außen herangetragen wird oder die wir uns selbst stellen, kann Stress auslösen. Dabei gibt es zwei Möglichkeiten: Nehmen wir die Aufgabe, die es zu bewältigen gilt, positiv wahr, ist auch der Stress positiv. Dieser so genannte Eustress fordert und motiviert uns, stärkt unser Immunsystem und spornt uns zu Höchstleistungen an. Fühlen wir uns dagegen von der Aufgabe überfordert und unter Druck gesetzt, spüren wir das, was man in der Fachsprache Disstress nennt. Dieser Stress macht krank, weil er uns blockiert, uns demotiviert und die eigene Leistungsfähigkeit herabsetzt. Je größer die Kluft zwischen individuellen Fähigkeiten und wahrgenommenen Anforderungen ist, umso stärker leiden wir darunter, umso größer ist der psychische Stress. Was nun den Stress auslöst, wird von jedem Menschen anders empfunden – unterschiedliche Situationen rufen bei unterschiedlichen Personen unterschiedliche Reaktionen hervor.

2. Gibt es typische Stresssymptome?

Lewitan: Jeder, der schon einmal eine Prüfung ablegen musste, weiß, wie sich Stress anfühlt. Klamme Hände, Schwitzen, Herzklopfen – all das sind typische Reaktionen auf eine Stresssituation. Grundsätzlich unterscheidet man bei den typischen Stressreaktionen zwischen der körperlichen Ebene und der Verhaltensebene. Auf der körperlichen Ebene kann es je nach Stärke des stressauslösenden Moments z.B. zu Kopf- und Magenschmerzen kommen, zu Durchfall bzw. Verstopfung, zu Schwindelgefühlen, Hitzewallungen, Herzrasen und im schlimmsten Fall auch zum Herzinfarkt. Bei Frauen sind zudem Zyklusunregelmäßigkeiten denkbar. Es können Allergien und Atembeschwerden auftreten, ebenso Hautreaktionen wie Herpes, Psoriasis oder Milchschorf. Auch Hörsturz und Tinnitus können stressbedingt ausgelöst werden, um hier nur einige Symptome zu nennen. Auf der Verhaltensebene führt Stress häufig zur Flucht in Abhängigkeiten von Alkohol, Nikotin, Medikamenten oder Drogen. Appetitlosigkeit bis hin zu Essstörungen können auf eine Überlastung durch Stress hinweisen, und auch im sozialen Bereich sind antisoziales Verhalten und Abkapselung Hinweise auf eine stressbedingte Überlastung.

3. Inwieweit beeinflusst Stress das sexuelle Lustempfinden und die sexuelle Leistungsfähigkeit?

Lewitan: Auf eine permanente Anspannung reagiert natürlich auch die Libido. Viele Frauen wundern sich, dass sie sich nach einem 14-Stunden-Tag mit Beruf,

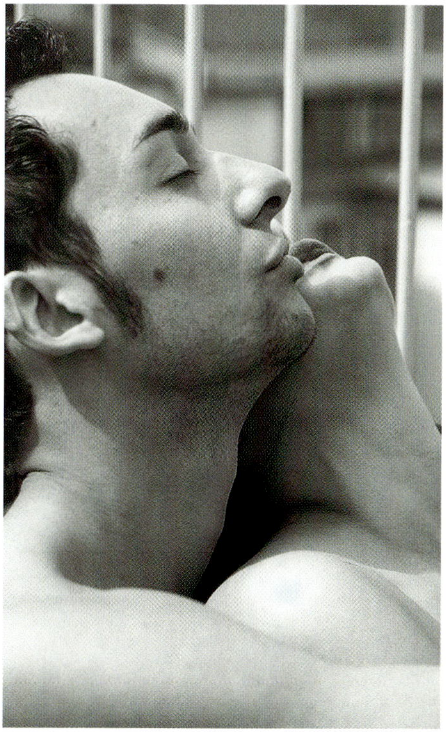

Kindern und Haushalt dem ehelichen Liebesleben nicht mehr gewachsen fühlen und einfach keine Lust haben, mit dem Partner zu schlafen. Oft wird der Akt dann zur schnell abgehandelten Routine –

> »Ganz klar: Stress ist der Lustkiller Nummer eins«, so der Stressforscher Louis Lewitan.

wenn überhaupt. Lust ist aber nur dann lustvoll, wenn sie empfunden werden *kann* – muss sie empfunden werden, wird Stress daraus. Mit der ständigen Überforderung geht irgendwann die Fähigkeit zur Sensibilität verloren, und die Sinnlichkeit bleibt damit auf der Strecke. Diese Fähigkeit, sensibel auf den Partner einzugehen, mit ihm gemeinsam Sinnlichkeit zu erfahren, ist jedoch ungemein wichtig, um im Bett nicht irgendwann vor der Frage zu stehen, die für jede Beziehung nur katastrophale Folgen haben kann: Wieso tun wir das eigentlich alles?

4. Gibt es paradoxe Reaktionen wie beispielsweise Lustminderung bzw. Luststeigerung durch Stress?

Lewitan: Natürlich gibt es auf Stress auch positive Reaktionen. Wer nach zwölf Stunden Arbeit viele Erfolge für sich verbuchen kann, weil er vielleicht einen großen Geschäftsabschluss getätigt oder einen wichtigen Kunden gewonnen hat, geht am Abend mit dem Lächeln eines Siegers nach Hause. Das Gefühl, das ihn begleitet, bringt im deutschen Sprachgebrauch der Begriff »erfolgsgeil« sehr schön auf den Punkt. Erfolg macht in der Tat sexy, er wirkt luststeigernd auf uns selbst und erotisierend auf andere. In Ansätzen sind das archaische Bedürfnisse, die hier befriedigt werden. Die Belohnung des Mannes für erfolgreiches Jagen ist der Sex als Möglichkeit, seine Männlichkeit erneut unter Beweis zu stellen. Oder anders ausgedrückt: Ein erfolgreicher Mann umgibt sich mit schönen Frauen, die sein Bedürfnis nach Bewunderung befriedigen und ihn dadurch in seiner Männlichkeit bestätigen.

Zahlen & Fakten %

Laut einer Umfrage des FOCUS (Nr. 51/1998) fühlen sich 56 Prozent der Deutschen gestresst. Knapp 70 Prozent aller Krankheiten sind stressbedingt. 60 Prozent der Gestressten wissen nicht, wie sie den Druck reduzieren können.

5. Inwieweit ist das Bild von Mann und Frau in den Medien, besonders in Werbung, Film & Fernsehen, schon ein Stressfaktor für die eigene Selbstwahrnehmung?

Lewitan: Durch die Allgegenwart der Medien leben wir heute in einer Welt der per-

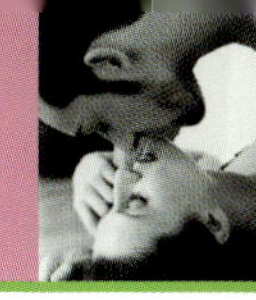

manenten Reizüberflutung. Die sexualisierten Bilder, die von Mann und Frau in den Medien gezeichnet werden, haben nicht nur die Phantasie beschränkt, sie sind zu idealisierten Symbolen für Jugend und Schönheit, Macht, Glück und Erfolg geworden. Sich der Werbung zu entziehen, ist so gut wie nicht möglich, denn die Reize werden bewusst und unbewusst wahrgenommen und haben natürlich Auswirkungen auf unsere eigenen Werte. Normen werden oft kritiklos und unreflektiert aus den Medien übernommen, besonders für die Kinder hat es fatale Folgen, wenn sie aus dem Fernsehen lernen, was richtig ist oder falsch. Eine wahre Identitätsfindung kann nicht mehr stattfinden, und in einer konformen (Medien-)Welt ist der Prozess der Individualisierung schwer. Schon junge Mädchen eifern deshalb in Mode und Verhalten kurzlebigen Teenie-Idolen nach und glauben, ohne Brustvergrößerung ist das Spiel auf dem Jahrmarkt der Eitelkeiten für sie verloren. Für viele Jugendliche ist ein Hauptstressfaktor also die Angst, nicht der Norm zu entsprechen, wie sie durch die Medien suggeriert wird. Das hat natürlich auch Auswirkungen auf die Sexualität, denn aus dieser Perspektive ist nur der perfekte Körper aus der Werbung sexuell attraktiv. Die Verachtung für die eigene vermeintliche Unzulänglichkeit oder das Gefühl, mit 16 nicht »dazuzugehören«, weil man eben noch keine drei bis vier Liebhaber aufweisen kann, das ist Stress, der nicht nur zu psychischen, sondern vor allem auch zu sexuellen Störungen führt.

6. Gibt es zukunftsweisende Therapieansätze – was wäre in dieser Hinsicht aus psychologischer Sicht denkbar?
Lewitan: Für die Zukunft kann man mit Bestimmtheit sagen, dass der Stress, dem

Verschiedene Wege führen zum Ziel

Wissenschaftliche Studien haben ergeben, dass Männer im Durchschnitt zweieinhalb Minuten bis zum Orgasmus benötigen. Der Durchschnittswert für Frauen liegt bei zehneinhalb Minuten. Diese Angaben gelten natürlich nicht für jeden und sind stark abhängig von der individuellen Verfassung, dem persönlichen Umfeld, der jeweiligen Situation etc. Dennoch zeigen diese Werte, dass Frauen und Männer im Hinblick auf ihre sexuelle Stimulation andere Bedürfnisse haben.

wir alle ausgesetzt sind, weiter zunehmen wird. Die Aufgaben, mit denen wir im Berufs- wie auch im Privatleben ständig konfrontiert sind, werden immer komplexer, die technische Entwicklung, mit der wir Schritt halten müssen, geht rasend schnell vonstatten, und alles steht in einer immer größeren Korrelation zueinander. Dank Handy, E-Mail und Internet sind wir immer und überall erreichbar. Wer hier nicht rechtzeitig den persönlichen Stecker zieht und dringend erforderliche Rückzugsmöglichkeiten für sich selbst schafft, wird dem Strudel der Gleichzeitigkeit irgendwann nicht mehr standhalten können und gesundheitliche Schäden davontragen.

Heute schon leiden sehr viele Menschen unter dem Burnout-Syndrom, das eine logische Konsequenz der Überforderung durch permanente Reizüberflutung ist. Wichtig ist es deshalb, für sich selbst Stressfaktoren zu erkennen und Stresssituationen bestmöglich zu entschärfen. Eine wesentliche Rolle spielt hierbei die Ruhe. Regelmäßige Entspannungsphasen können ebenso in den Tagesablauf eingeplant werden wie geschäftliche Meetings und Termine beim Kinderarzt.

Ich möchte auch dazu auffordern, sich wieder Zeit zu nehmen für die Sinnlichkeit. Die Kunst liegt darin, die Lust zu verlangsamen und wie ein Stück Schokolade zu genießen, das langsam auf der Zunge zergeht. In einer Zeit, in der wir es gewohnt sind, gleich die ganze Tafel auf einmal zu verspeisen und mit den Augen schon nach der nächsten zu schielen, hat schon viel gewonnen, wer versucht, seine Sinnlichkeit und Langsamkeit wiederzuentdecken. ✖

Dem Stress den Kampf ansagen

Wie das Interview gezeigt hat, ist Stress eine sehr vielschichtige Ursache für eine komplexe Reihe von Problemen. Doch wie in vielen Bereichen gilt auch hier: Wissen ist Macht. Um Stress wirkungsvoll zu begegnen, ist es in erster Linie wichtig, die individuellen Stressfaktoren zu erkennen. Denn um eine negative Situation zu verändern, muss man zuerst alle Faktoren, die in diese Situation mit hineinspielen, definieren. Außerdem sollte man einige grundlegende Dinge über die Sexualität bei Mann und Frau kennen.

Mit Offenheit und einem Mindestmaß an sachlicher Information kann man Missverständnisse und Leistungsdruck im Bett vermeiden.

Sexualität ist Kommunikation

Unsere Lust wird leider oft auch von Vorurteilen gesteuert. Sie beeinflussen unser

Verhalten, unsere Erwartungen und unser sexuelles Verlangen. Fatal sind in diesem Zusammenhang natürlich dysfunktionale, d.h. negative Annahmen wie z.B. »man kann nur mit einem großen Penis guten Sex haben« oder »die Frau muss zuerst zum Höhepunkt kommen«. Solche Aussagen sind nicht nur grundlegend falsch, sie lösen außerdem in hohem Maß Stress aus. Sexualität hat sehr viel mit Kommunikation zu tun. Findet kein Sex mehr statt, ist das die Folge einer gestörten Kommunikation zwischen zwei Partnern. Kommunikation bedeutet, sich in Beziehung zu etwas oder zu jemandem zu setzen. Dazu muss man jedoch bereit sein, sich für sein Gegenüber Zeit zu nehmen, ihn zu entdecken, ihm zuzuhören. Toleranz und Wertschätzung für die Andersartigkeit des anderen sind die Grundlage für Kommunikation und das Zulassen von Nähe. Wer ein Gespräch sucht, schafft Nähe, und Nähe ist eine grundlegende Voraussetzung für eine befriedigende Sexualität.

Wissen Sie, wann Ihr Partner am liebsten liebt?

Wer also die Bedürfnisse des Partners kennt, kann von vornherein viele Stressfaktoren umgehen. Zu diesem Wissen gehören aber nicht nur die Unterschiede in der Erregungskurve. Jeder Mensch hat natürlich auch seinen eigenen Lebensrhyth-

mus. Wieder ist es wichtig, darüber zu sprechen. Woher soll ein Partner schließlich wissen, dass der andere gerne Sex hätte, wenn er es ihm nicht sagt?

So geübt viele Paare darin sind, miteinander zu schweigen, so wenig sprechen sie auch über Sex.

Der persönliche Hintergrund

Ein weiterer Aspekt des sexuellen Lustempfindens ist auch die familiäre Prägung. Der offene oder auch tabuisierte Umgang mit der Sexualität in der Familie prägt uns auch als Erwachsene, definiert unsere natürlichen Schamgrenzen. Hier spielen außerdem kulturelle und religiöse Hintergründe eine wichtige Rolle. Jeder sollte versuchen, den Partner in seinem sexuellen Empfinden auch vor diesem Hintergrund zu verstehen und sich nicht einfach darüber hinwegsetzen. Denn das führt zu Missverständnissen, Blockaden, Enthaltsamkeit und dem Verlust der Libido. ✖

Was Sie gegen Stress tun können

Auch wenn es eigenartig klingen mag, aber um der Lust wieder mehr Raum zu verschaffen, ist eine gute Planung unabdingbar. Schreiben Sie sich diesen Termin mit Ihrem Partner, wenn es sein muss, in den Terminkalender. Sorgen Sie dafür, dass Sie auch tatsächlich ungestört sind, wenn Sie endlich einmal zu zweit sein möchten. Keine Kinder, kein Telefon und auch keine Schwiegermütter sollten Sie aus dem Konzept bringen können oder dürfen. Warum nehmen Sie sich nicht ein Hotelzimmer in der eigenen Stadt? Da stöbert Sie garantiert niemand auf, und zusätzlich erleben Sie den Reiz des Neuen. Je mehr Sie Ihre sexuellen Fähigkeiten zum Einsatz bringen, umso länger bleiben sie Ihnen auch erhalten. Sex ist nämlich eigentlich nichts anderes als Training. Dabei sollten Sie jedoch nicht in langweilige Routine verfallen. Sex muss sich weiterentwickeln, genauso wie sich auch Ihre Bedürfnisse verändern.

Kein Sex ist auch normal

So gibt es Zeiten, da ist es vollkommen natürlich, keinen Sex zu wollen. Wenn Sie krank sind z.B. oder wenn Sie um einen nahestehenden Menschen trauern. Auch in der Hochzeitsnacht steht den wenigsten Paaren tatsächlich der Sinn nach Erotik, wenn sie um vier Uhr morgens todmüde ins Bett fallen. Ist vollkommen in Ordnung, solange die Situation nicht zum Dauerzustand wird. Wichtig ist es, sich selbst einzugestehen, dass es eben Zeiten gibt, in denen der Sex eine wichtige oder eben weniger wichtige Rolle spielt, und genauso wichtig ist es, mit dem Partner darüber im Gespräch zu bleiben. Denn wenn

ich mein Benehmen nicht erkläre, reagiert der Partner mit Ratlosigkeit, Aggression und Frust. Der Weg zur Sexualität über die Intimität und Nähe wird immer weiter…

Seien Sie kreativ!

Bemühen Sie sich also aktiv um Veränderungen und durchbrechen Sie eingefahrene Gewohnheiten. Fördern Sie die Lust auf etwas völlig Neues, probieren Sie andere Liebesspiele, lassen Sie sich inspirieren von Literatur und Kunst und lassen Sie Ihrer Phantasie einfach einmal freien Lauf. Keine Idee ist schlecht und kein Vorschlag ist es unwert, sich gemeinsam daran zu freuen, miteinander darüber zu reden und zu lachen.

Checkliste: 15 Maßnahmen bei Stress

1. Nehmen Sie Ihre Stresssymptome wahr
2. Holen Sie sich professionelle Hilfe
3. Finden Sie heraus, was Sie durch übermäßige Arbeit verdrängen
4. Definieren Sie Ihren Lebensinhalt neu
5. Üben Sie, ohne Schuldgefühle zu genießen
6. Gehen Sie einem Hobby nach
7. Reduzieren Sie überhöhte Selbstansprüche
8. Nehmen Sie sich Zeit, um allein zu sein
9. Lernen Sie, wieder zuzuhören und auf andere einzugehen
10. Lernen Sie, Aufgaben abzugeben
11. Sorgen Sie für ausreichend Ruhephasen
12. Üben Sie Nachsicht mit sich selbst
13. Erkennen Sie, dass Perfektes nicht machbar ist
14. Lernen Sie Entspannungstechniken wie autogenes Training, progressive Muskelentspannung oder Ähnliches
15. Üben Sie die Kunst der kleinen Schritte

Was passiert in Kopf und Körper?

Sex ist nicht das Ventil eines unter Druck stehenden Dampfkessels, sondern das Ergebnis eines komplexen Zusammenspiels aus verschiedenen Emotionen und Empfindungen.

Gedanken, Gefühle, Verhalten und Körperempfindungen

Was ist das nun, das uns dieses gewisse Prickeln durch den Körper jagt? Woran liegt es, dass wir schon beim bloßen Anblick einer bestimmten Person nur noch mit dem Unterleib reagieren und der Verstand nichts mehr zu melden hat? Woher kommen die Gedanken und Gefühle, was bestimmt unser Verhalten und unsere körperlichen Empfindungen?

Mein Tipp

Das berühmte »Gertis Stundenhotel« in Wien vermietet fernab von jeglichem Schmuddelmilieu stundenweise stilvolle Zimmer an alle, die ihrem Liebesleben mit einem lauschigen Tête-à-Tête auch mal am Nachmittag auf die Sprünge helfen möchten.

Was sind eigentlich Gedanken?

Schlägt man diesen Begriff in bekannten Konversationslexika wie z. B. dem Brockhaus nach, lernt man, dass Gedanken Inhalte, aber auch Ergebnisse des Denkens sind. Sie beziehen sich auf die innere und äußere Auseinandersetzung mit Ereignissen, mit denen wir jeden Tag konfrontiert werden und die wir bewusst bzw. unbewusst verarbeiten. Solche Ereignisse können Wahrnehmungen sein, Deutungen, Bewertungen, Beschreibungen oder auch die Grundeinstellung eines Menschen zu bestimmten Themen.

Die Sache mit den Gefühlen

Gefühle bezeichnen das Grundphänomen des subjektiven Erlebens eines Individuums. Ausgelöst werden sie durch Sinnes-

wahrnehmungen als Reaktion auf die Umwelt oder den eigenen Körper. Gefühle sind überlebensnotwendig. Schon Charles Darwin untersuchte die sechs »Universalgefühle« Glück, Traurigkeit, Furcht, Ärger, Ekel und Überraschung. Daneben gibt es noch die so genannten sekundären oder sozialen Emotionen, die wir aber Gott sei Dank nicht immer erleben, da viele eher unangenehm sind. Hierzu gehören das Entsetzen, die Besorgnis, der Zorn oder die Antipathie. Natürlich gibt es daneben auch angenehme Emotionen wie z.B. Freude, Liebe oder Überraschung, um nur einige zu nennen. Viele unserer Gefühle werden uns im täglichen Einerlei jedoch überhaupt nicht bewusst. Der Neurologe Antonio Damasio bezeichnet diese nicht bewusst wahrgenommenen Gefühle als Hintergrundgefühle. Ähnlich wie das Standgas bei laufendem Motor im Auto sind diese Gefühle zwar immer vorhanden, sie sind uns jedoch nicht ständig bewusst. Wir merken erst, dass da was sein muss, wenn wir Gas geben und der Motor aufheult. Gleiches passiert auch mit der Lust. Wir nehmen sie zwar nicht immer wahr, aber sie ist trotzdem vorhanden und kann sich im passenden Moment vom leichten Säuseln in einen tosenden Orkan verwandeln.

Guter Sex heißt nicht, dass ein bestimmtes Organ in einem bestimmten Rhythmus bewegt wird. Guter Sex findet statt, indem bestimmte Gefühle entstehen.

Emotionale Fernsteuerung

Jede Gefühlsregung hat einen Einfluss auf unsere Körperfunktionen. So sind beispielsweise Herzrhythmus, Muskelspannung, Hautwiderstand, Gehirnströme und andere psychophysiologische Reaktionen bei ruhiger seelischer Verfassung anders als bei Erregung. Dies bezieht sich natürlich auch auf den Hormonhaushalt. Äußerlich zeigen sich unsere Gefühle und Stimmungen vor allem in Mimik, Gestik, Körperhaltung und in der Sprache. Gefühle beeinflussen uns in unserer Persönlichkeit. Hinsichtlich der Motivation für Handlungen wirken sie als Verstärker oder als Dämpfer.

Verhalten

Unter Verhalten fassen wir alle willkürlichen und unwillkürlichen Aktivitäten zusammen, mit Hilfe derer wir in der Lage sind, uns zu artikulieren. Das können Lautäußerungen sein wie beispielsweise das Räuspern oder bewusste bzw. unbewusste Bewegungen wie ein Zwinkern. Wenn Sie sich auf Ihr Fahrrad setzen und drauflos fahren, obwohl Sie seit 20 Jahren nicht mehr Rad gefahren sind, ist auch das eine Form unbewussten Verhaltens. Ihr Unterbewusstsein weiß noch sehr gut, wie das Gleichgewicht zu halten und die einzelnen Bewegungsabläufe zu koordinieren sind, ohne dass Sie lange darüber nachdenken müssten.

Empfindungen

Empfindungen sind Regungen, die durch Reize hervorgerufen werden. Die Stärke der Regungen entspricht der Intensität der Reize. Je stärker es also beispielsweise juckt, umso heftiger werden Sie an der betreffenden Stelle kratzen. Typische Empfindungen sind neben dem Juckreiz auch Schmerzen, Schwindel, Geruch, Laute, Bewegungs-, Temperatur- und Tastempfindungen. ✖

Was hat das alles mit der Liebe zu tun?

Der Zusammenhang zwischen Gedanken, Gefühlen, Verhalten und Empfindungen wird deutlich, wenn Sie sich vorstellen, wie Sie auf der Straße einem überaus attraktiven Mann oder einer schönen Frau begegnen. Diese Wahrnehmung oder dieser Reiz löst sofort den folgenden Gedanken aus: »Das wäre doch der ideale Vater für meine zukünftigen Kinder.« Oder: »Die Frau würde ich sofort zum Essen einladen.« Sie fühlen sich von der Person irgendwie angezogen. Jetzt stellen Sie sich vor, dieser Mann oder diese Frau kommt charmant lächelnd direkt auf Sie zu. Ihr Herz beginnt schneller zu klopfen, Sie bekommen feuchte Hände, Sie werden nervös. Ihr Körper reagiert auf Ihre Wahrnehmung – die attraktive Person – und das Gefühl, das diese Wahrnehmung bei Ihnen ausgelöst hat – Sie fühlen sich angezogen. Wenn Sie nun kein Wort herausbringen, dann tun Sie das natürlich nicht bewusst, Ihr Verhalten wird von Ihrer Nervosität beeinflusst. Je größer der Reiz ist, der von dieser Person ausgeht, umso mehr werden Sie sich vielleicht über sich selbst ärgern. ✖

Pheromone – so riecht die Liebe

Gibt es Menschen in Ihrem Umfeld, die Sie buchstäblich nicht riechen können – und zwar unabhängig davon, ob der Betreffende gerade aus der Dusche kommt oder sich erst auf dem Weg dorthin befindet? Die subtile Wahrnehmung eines Menschen mit dem Geruchssinn beeinflusst mit unsere Entscheidung, ob wir jemanden nett oder unangenehm finden. Wir werden sozusagen mit der Nase darauf gestoßen, wer als potenzieller Partner für uns in Frage kommt. Zwar machen es uns heute Waschmittel, Seifen und Duftwässer aller Art nicht gerade einfach, den charakteristischen Geruch unseres Gegenübers herauszufiltern, dennoch ist unsere Nase in der Lage, den echten Körpergeruch zu identifizieren.

Tiere setzen klare Signale

Nicht umsonst gelten bestimmte Duftstoffe in der Tierwelt als sexuelles Lockmittel. Ob Käfer, Spinnen, Bienen oder Fische, aber auch Reptilien und Säugetiere – die Bereitschaft zur Paarung wird von den Weibchen über Pheromone kommuniziert, die sie über Drüsen im Hinterleib absondern. Der Geruch kann von den betreffenden Männchen oft über große Entfernungen hinweg wahrgenommen werden, und es werden weder Weg noch Mühe gescheut, um der anregenden Quelle so schnell wie möglich näher zu kommen.

Liebe geht durch die Nase

Vermittelt wird diese Fähigkeit bei zahlreichen Säugetieren wie auch bei Reptilien über das Vomero-Nasal-Organ (VNO). Hier befinden sich spezielle Sinneszellen; nur diese, und nicht die normalen Riechzellen, können die Pheromone mittels ihrer Chemorezeptoren wahrnehmen. Bei den genannten Tieren befindet sich das VNO im Nasen-Rachen-Raum. Lange Zeit galt die Existenz dieses Organs beim Menschen als reine Spekulation. Erst in den 1990er Jahren konnte das VNO schließlich als paarige, etwa reiskorngroße Bindegewebsschläuche in der Nase nachgewiesen werden. Anatomisch gesehen liegen sie im Bereich des vorderen Nasenseptums in der Nähe des Locus Kieselba-

Zur Info

Schon der Psychoanalytiker Sigmund Freud ließ sich von dem Wiener Hals-Nasen-Ohren-Arzt Wilhelm Fliess zur Behebung seiner eigenen sexualneurotischen Störungen im Nasalbereich operieren.

chii. Dies ist auch häufig der Ursprungsort für das lästige Nasenbluten.

Instinkt und Wahrnehmung

Das »Pschyrembel Wörterbuch Sexualität« definiert Pheromone als »von Drüsen abgesonderte artspezifische Signalstoffe, die zur Erkennung, Informations- und Signalübermittlung zwischen Individuen der selben Spezies dienen«. Es müssen also nicht immer sexuell motivierte Signale sein, Pheromone warnen auch vor Gefahr, geben Nahrungsquellen an und verschaffen Klarheit über die Rangordnung innerhalb einer Gemeinschaft. Und das gilt nicht nur für die Tierwelt, das gilt auch für das Verhältnis zwischen Mensch und Tier und im zwischenmenschlichen Bereich. Denken Sie beispielsweise an jemanden, der Angst vor großen Hunden hat. Die Hunde können das riechen. Angst kann man nicht nur optisch erkennen, Angst kann man über Pheromone wahrnehmen, genauso wie Nervosität, Aufregung und Lust.

Wie aber riecht Lust?

Um es ganz klar zu formulieren: Die können Sie nicht riechen. Natürlich können Sie sie wahrnehmen. Aber das geschieht wieder über das oben schon erwähnte Vomero-Nasal-Organ. Das VNO schickt diese Wahrnehmung via Chemorezeptoren ins Gehirn, wo sie im Bereich des Hypothalamus und der Hypophyse endokrinologisch verändert werden und das vegetative Nervensystem beeinflussen. Und dann merken Sie, dass sich etwas tut. Was Sie riechen, sind also sexuelle Düfte. Natürlich können Düfte, die speziell von den Sexualorganen oder auch von anderen Körperregionen abgesondert werden, das Sexualverhalten beeinflussen. Die durch verschiedene Drüsen abgegebenen Sekrete verändern ihre Zusammensetzung im Verlauf der verschiedenen Lebensabschnitte. Jedoch gibt es keinen spezifischen weiblichen oder männlichen Geruch. Unangenehm wird es, wenn Bakterien wie bei-

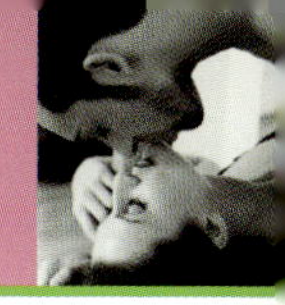

spielsweise bei starkem Schwitzen diese Sekrete zersetzen. Ein anderes Beispiel: Eine relativ harmlose Entzündung im weiblichen Genitalbereich durch so genannte Gram-negative Bakterien führen zu einer bakteriellen Vaginose. Es entsteht durch die Bakterien das Trimethylamin, das einen fischartigen Geruch verströmt. In der Regel werden diese Gerüche genauso wie der Geruch von Kot und Urin als unangenehm empfunden, wenngleich es auch hier individuelle Präferenzen für sexuelle Stimulanzien geben mag.

Zahlen & Fakten %

Auch wenn die Pheromonforschung sich noch in ihren Anfängen befindet, so wird sie schon lebhaft kommerziell verwendet. So gibt es bereits Parfüms auf dem Markt, die mit Pheromonen arbeiten und deren Verwendung die sexuelle Anziehung für Männer bzw. Frauen erhöhen soll.

Pheromone als Identifikationsmerkmal

Zurück zu den Pheromonen: Als bedeutsam haben sich hier bei den Menschen die Copuline (im Vaginalsekret), das Alpha-Androstenon und das Alpha-Androsteolon (im Schweiß und im Urin) sowie die so genannten Vomoropherine (im Achselschweiß) erwiesen. Noch ein weiterer Aspekt verdient Beachtung: Jeder Mensch scheint über ein Pheromonprofil zu verfügen, ähnlich einem Fingerabdruck. So wie es hier unverwechselbare Linien für das Sexualverhalten gibt, so scheinen auch die Spuren für die Immunkompetenz verzeichnet zu sein. Die genetische Information ist auf dem Chromosom 6 verankert, mit seinem so genannten Major Histocompatibility Complex (MHC). Besonders interessant ist dieser Aspekt hinsichtlich der stammesgeschichtlichen Entwicklung, denn dadurch konnten vermutlich via VNO immunologisch passende Partner zur Paarung ausgesucht und für die Nachkommen ein besserer Immunstatus gesichert werden.

Der Duft der Frauen

Welche Bedeutung den Pheromonen tatsächlich zukommt, hat der Schriftsteller Patrick Süskind in seiner Geschichte eines Mörders (»Das Parfüm«) auf wunderbar poetische und sinnliche Weise erahnen lassen. Die Geschichte handelt von dem genialen Scheusal Jean-Baptiste Grenouille, der es zur absoluten Vollkommenheit in der Parfümherstellung brachte. Als »Krönung« seines Schaffens stellt er einen Duft

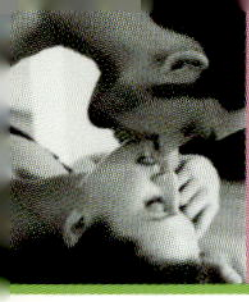

aus den Körpern jungfräulicher Mädchen her. Dazu müssen die Mädchen jedoch sterben, und nachdem er sie umgebracht hat, berauscht er sich an ihren Düften. Er kreiert ein Parfüm, das unwiderstehlich macht. So unwiderstehlich, dass er, unmittelbar nachdem er sich mit seinem Meisterwerk übergossen hat, von Menschen, die ihn nie vorher wahrgenommen haben, aufgefressen wird.

Seiner Zeit weit voraus

Aus heutiger Sicht ist das intuitive Wissen des Autors über die Zusammenhänge von Hormonen und Pheromonen mehr als erstaunlich. Der Roman wurde 1985 veröffentlicht, und erst Anfang der 1990er Jahre wurde das VNO beim Menschen wissenschaftlich beschrieben. Die jungen Mädchen, die Grenouille zur Herstellung seiner Essenz braucht, stehen zum Zeitpunkt ihrer Ermordung im Zenit ihrer hormonellen Produktion und sexuellen Reife. Über die Pheromone wird eine ungeheuere sexuelle Anziehungskraft verströmt, die auch abhängig vom Alter ist. Die Mädchen sind jungfräulich, der Geschlechtsverkehr und damit eine mögliche Verunreinigung durch Bakterien hat noch nicht stattgefunden. Aber, und das weiß Süskind, es ist nicht das, was Grenouille unwiderstehlich macht, und auch die Düfte waren es nicht, die den Menschen ins Bewusstsein traten, als Grenouille sich in der Dunkelheit aus den Arkaden hervorwagte.

»Niemand weiß, wie gut es gemacht ist«

Der Autor weiß, wovon er spricht: »Die anderen sind nur seiner Wirkung untertan, ja, sie wissen nicht einmal, dass es ein Parfüm ist, das auf sie wirkt und sie bezaubert.« Hier wird also etwas beschrieben, das weder zu riechen noch zu schmecken ist, und das, mit Verlaub, dürfte nur über Pheromone zu vermitteln sein. Etwas weiter unten im Text heißt es: »Die Menschen aber glaubten, sie begehrten *mich,* und was sie wirklich begehrten, blieb ihnen ein Geheimnis.« Und etwas weiter: »Und dann habe er sich mit dem Inhalt dieses Fläschchens über und über besprenkelt und sei mit einem Mal von Schönheit übergossen gewesen wie von strahlendem Feuer.« Hier wird also nicht von Geruch oder Geschmack gesprochen, sondern von einer Aura, die mit unseren Sinnen nicht erfasst werden kann. Grenouilles Hässlichkeit wird dank seines astronomisch starken Pheromoncocktails zu einem Objekt der Begierde, das man sich nur auf kannibalischem Weg einverleiben kann. Und diese Verwirrung beschreibt der Dichter mit seinem letzten Satz versöhnlich: »Sie hatten zum ersten Mal etwas aus Liebe getan.« ✖

Die Lusthormone

Hormone sind die Dirigenten unseres Lebens. Ob es um psychische Befindlichkeiten geht, um optische Faktoren oder um überlebenswichtige Vorgänge wie Hunger oder Durst – alles hört auf ihr Kommando.

Schaltzentrale der Liebe

»Eine Tragödie ist es, wenn man den Sex im Kopf hat anstatt zwischen den Beinen, dort wo er hingehört«, wusste schon der britische Schriftsteller D. H. Lawrence vor 100 Jahren. Doch konnte zu dieser Zeit noch niemand ahnen, welch entscheidende Rolle das Gehirn als Schaltzentrale für die Liebesmoleküle spielt. Was passiert also auf der hypothalamisch-hypophysären-gonadalen Achse? Keine Sorge, das ist einfacher, als es sich anhört.

Das Orchester der Lust

Der von unseren Hormonen gesteuerte Liebesreigen lässt sich mit einem großen Orchester vergleichen. Das Gehirn ist der Dirigent und gibt den Takt an. Die unterschiedlichen Gruppen an Streich-, Blas- und Schlaginstrumenten sind die verschiedenen Hormone. Ist die Instrumentengruppe gut besetzt, spielen sie forte, sind es nur ein paar, sind sie eben ganz piano zu hören. Jetzt kann aber nicht jeder spielen, was ihm gerade einfällt. Die einen wären zu laut, die anderen zu leise, die Harmonien passten nicht zusammen, und keiner wüsste, wann sein Einsatz käme. Die reinste Kakophonie wäre das. Aber zum Glück haben wir ja den Dirigenten, der dafür sorgt, dass der unsägliche Lärm schließlich zu Musik wird. Und genau wie in einem Orchester kommt es auch in unserem Organismus auf die feine Abstimmung an, damit unser Körper funktioniert und wir denken, fühlen und handeln können. Die Partitur für das Konzert unseres Lebens liefern die endokrinen Schaltkreise der Gefühls- und Emotionsmuster aus Prägung und Bewusstsein. Mit welchen

Der Begriff »Hormon« stammt aus dem Griechischen, »horman«, und bedeutet soviel wie »antreiben« oder »stimulieren«.

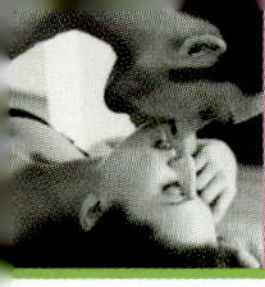

Instrumenten bringen wir nun die erotisch-sinnliche Saite in uns zum Klingen? Soll heißen, welche Hormone brauchen wir, damit der Sex stimmt?

Die wichtigsten Luststoffe

Einheitlich herrscht die Meinung vor, dass das Testosteron für Mann und Frau als Haupttaktgeber des sexuellen Begehrens anzusehen ist. Das Liebesverlangen soll ausgelöst werden durch das Phenylethylamin, kurz PEA genannt. Oxytocin gilt gemeinhin als das Hormon, das den Orgasmus steuert. Außerdem gehören zum Lustorchester das 17-Beta-Oestradiol, das DHEA (Dehydroepiandrosteron), das Pregnenolon, IGF, GH, GABA, Serotonin, Noradrenalin und Dopamin, um hier die Wichtigsten zu nennen. Wie aber klingen sie als Harmonie der Lust zusammen? ✖

Östrogene

Die weiblichen Sexualhormone werden überwiegend in den Eierstöcken gebildet, außerdem in den Nebennieren und während einer Schwangerschaft auch in der Plazenta. Diese Hormongruppe, dessen wichtigster Vertreter das Oestradiol ist, entfaltet in unserem Organismus fast magische Kräfte. Sie steuern die Entwicklung der weiblichen Geschlechtsmerkmale sowie die Sexualentwicklung während der Pubertät. Darüber hinaus sorgen sie für alle Vorgänge rund um die Fortpflanzung und Geburt. Die Geschlechtshormone sind nicht ausschließlich in den Geschlechtsorganen tätig. Sie stabilisieren das Knochengerüst, bestimmen die Fettverteilung, sorgen für eine gute Durchblutung und Rehydrierung der Haut und regulieren den Feuchtigkeitshaushalt der Schleimhäute. Das ist besonders wichtig für den Geschlechtsverkehr, der mit einem zu trockenen Vaginalepithel für viele Frauen unangenehm und schmerzhaft wird.

Östrogenabfall in den Wechseljahren

Fällt der Östrogenspiegel während der Menopause zunehmend ab, kommt es zu den körperlichen Veränderungen, über die Sie auf Seite 30f. bereits einiges erfahren haben. Aber auch während der fruchtbaren Jahre ist der Östrogenspiegel nicht immer stabil. Zum Zeitpunkt des Eisprungs ist die Konzentration an Östrogen am höchsten, mit dem Einsetzen der Blutung hat er seinen niedrigsten Wert erreicht. In der zweiten Zyklushälfte kann es zu Gewichtszunahme kommen oder auch zu einer Vergrößerung der Brüste. Manche Frauen merken die Schwankungen im Hormonhaushalt auch an der veränderten Körpertemperatur. Dass viele Frauen um den Eisprung herum besonders große Lust auf Sex haben, wird in der Fachwelt kontrovers diskutiert. Unbestritten ist dagegen, dass das Östrogenhoch zur Zeit des Eisprungs durchaus die körperliche und

Gut zu wissen

Insgesamt werden die weiblichen Hormone stark von äußeren Faktoren beeinflusst. Stress beispielsweise hemmt die Ausschüttung von Östrogen, wohingegen regelmäßiger Sex den Östrogenspiegel konstant hält und dadurch das weibliche Wohlbefinden fördert.

geistige Leistungsfähigkeit beeinflusst, wie in vielen Studien immer wieder nachgewiesen wurde. Die Frauen schneiden nicht nur bei Prüfungen und Wettkämpfen besser ab, sie erleben auch den Orgasmus in dieser Zeit besonders lustvoll.

Östrogene und Männer?

Aber sicher! Auch im männlichen Körper ist das weibliche Geschlechtshormon vorhanden. Einer seiner Hauptvertreter ist das 17-Beta-Oestradiol. Östrogene werden bei Männern im Hoden und wie bei den Frauen – wenn auch in geringerer Menge – im Gehirn und im Fettgewebe produziert. Sein Gehalt liegt bei ungefähr 20 bis 40 Picogramm pro Milliliter Blut. Für einen Jüngling von 20 Jahren bedeutet das, dass er etwa fünfmal so viel Östrogene im Blut hat wie seine 60-jährige Großmutter, vorausgesetzt, diese hat sich keiner Hormontherapie unterzogen.

Was Östrogene bewirken

Die positive Wirkung der Östrogene und übrigens auch des Testosterons wird in den verschiedenen Gewebebereichen des Körpers über so genannte Hormonrezeptoren verbreitet. Sie wirken natürlich nicht nur auf die Geschlechtsorgane, sondern beeinflussen den gesamten Organismus, besonders das Gehirn, das Herz und die Knochen.

Schutz vor Krankheiten

Heute wird vermutet, dass Östrogene eine wichtige Rolle bei der Vermeidung der Alzheimer-Krankheit spielen. Auch ein Schutz vor Herzinfarkt wird den Östrogenen nachgesagt sowie eine Beeinflussung der männlichen Fruchtbarkeit und der Beweglichkeit der Spermien. Genauso wichtig ist jedoch ihr Einfluss auf die Entstehung von so genanntem Hüftgold. Wie wir inzwischen gesehen haben, kommt es mit zunehmendem Alter zu einer Verschiebung von Testosteron und Östrogenen und dadurch zu einer Verweiblichung des Mannes im Bereich der Hüften und des Gesäßes. Auch die Brust kann weichere Formen annehmen und sich vergrößern. Was sich hier bildet, ist Fettgewebe und mit ihm das darin enthaltene Enzym Aromatase, das Testosteron in Östrogene umwandelt. Ein Teufelskreis.

Die Behandlung mit Östrogenen

Eine Hormonersatztherapie kann für klimakterische und postmenopausale Frauen eine große Erleichterung bedeuten. Die Erfahrungen, die mit der HRT (Hormone Replacement Therapy) inzwischen über Jahrzehnte gemacht wurden, sind überaus positiv. Wie jede Hormonbehandlung gehört auch die Östrogensubstitution in die Hände eines erfahrenen Arztes, um ein mögliches Brustkrebsrisiko auszuschließen. Eine Alternative zur HRT bieten die SERM's (Selektive Östrogen-Rezeptoren-Modulatoren), die zwar die positiven Aspekte der Östrogene, nicht aber deren negative Eigenschaften besitzen. Auch Phytohormone werden z.B. in Form von Sojaextrakten immer häufiger zum Ausgleich eines Östrogenmangels bei beiden Geschlechtern eingesetzt. Denn während die Behandlung bei Männern mit 17-Beta-Oestradiol umstritten ist, verspricht der Einsatz von Soja und Rotklee gute und vor allem nebenwirkungsfreie Erfolge ohne die Gefahr einer Feminisierung. ✖

Testosteron

Die biochemische Basis der Männlichkeit wirkt ähnlich wie das Östrogen auf den gesamten Organismus. Es wird in den Hoden und der Nebennierenrinde gebildet und sorgt für männlich-markante Muskelpakete, tiefe Stimme, Bart im Gesicht und Haare auf der Brust.

Geschlechtshormone bei Männern und Frauen

Die klassische Einteilung von männlichen und weiblichen Geschlechtshormonen ist heute überholt, da man inzwischen weiß, dass sowohl Männer als auch Frauen Östrogen und Testosteron produzieren – nur eben in unterschiedlichen Mengen. So ist der Testosteronspiegel beim Mann etwa fünf- bis zehnmal höher als bei der Frau, Männer produzieren täglich etwa 25 bis 50 Mal mehr Testosteron als Frauen. Frauen produzieren jedoch dazu im Vergleich etwa zwei- bis dreimal soviel Östrogene als Männer. Die absolute Menge an Testosteron im Vergleich zu den Östrogenen ist bei den Frauen also mehr als doppelt so hoch.

Spontane Erektionen

Morgens und den Vormittag über ist die Testosteronkonzentration im Blut am höchsten. Der Wert sinkt bis zum Nachmittag, um dann abends und über Nacht wieder seinem Höhepunkt entgegenzustreben. Früher hielt man die volle Blase für den Auslöser der morgendlichen Erektion. Heute geht man davon aus, dass diese Spontanreaktion etwa drei- bis fünfmal pro Nacht und vermehrt in den Morgenstunden eintritt, jedoch ohne bewusste sexuelle Erregung. Meistens geschieht das in den Traumphasen (REM-Phasen), teils in Verbindung mit geträumten Erinnerungen, teils auch mit Ejakulation. Diese Erektionen können bis zu 30 Minuten andauern und sind daher manchmal beim Erwachen als Morgenerektion feststellbar.

Typisch Mann?

Die männlichen Geschlechtshormone regulieren nicht nur das Äußere eines Mannes. Auch seine Verhaltensweisen hängen von der Konzentration des Testosterons im Blut ab. Eine wissenschaftliche Untersuchung an über 100 Männern zwischen dem 30. und dem 40. Lebensjahr hat ergeben, dass sich das räumliche Orientierungsvermögen verbesserte, je höher der Testosteronspiegel war, und die verbale Ausdruckskraft gleichzeitig sank. Es scheint also tatsächlich geschlechtstypische Fähigkeiten zu geben, die von den Hormonen gesteuert werden.

Zur Info

Testosteron wird im männlichen Körper durch das Enzym Alpha-Reduktase zu etwa 10 Prozent in Dihydrotestosteron umgewandelt. Die Wirkung dieses Hormons ist fünf- bis zehnmal stärker als die von normalem »Testosteron« und führt, da es meist außerhalb des Gehirns wirkt, zur Glatzenbildung. Es wird außerdem verantwortlich gemacht für die Entstehung von Prostatakrebs. Eine zentrale Wirkung im Gehirn auf die Libido scheint es jedoch nicht zu haben.

Haben Männer Wechseljahre?

Auch Männer sind mit steigendem Alter natürlich von der nachlassenden Hormonproduktion betroffen, jedoch haben sie in der Lebensmitte nicht mit einem solch gravierenden hormonellen Absturz zu kämpfen wie viele Frauen. Ein sinkender Testosteronspiegel führt häufig zu depressiven Verstimmungen und Lustlosigkeit, nicht nur im Bett. Das bedeutet aber nicht, dass mit dem Testosteron automatisch auch die Lust auf Sex wieder steigt. Ein lustvolles Liebesspiel bis hin zum Orgasmus ist natürlich auch mit wenig Testosteron möglich.

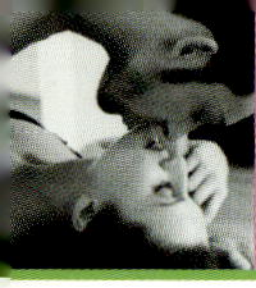

Treiben Sie Sport?

Wer regelmäßig Sport treibt, fühlt sich nicht nur besser, weil er damit Einfluss auf seinen Hormonhaushalt nehmen kann, Sport macht auch Lust auf Sex. Wer sich körperlich anstrengt, aktiviert unter anderem die Nebennieren, regt die dortige Hormonproduktion an und kommt dadurch in den Genuss einer Extraportion

Das Testosteron-Mangelsyndrom (PADAM)

Testosteronmangel erkennen Sie häufig selbst an bestimmten körperlichen und psychischen Symptomen. Der Münchner Anti-Aging-Spezialist Dr. Michael Klentze fasst diese Symptome folgendermaßen zusammen:

Psyche:

- Nervosität, Reizbarkeit, Aufgeregtheit
- Schlafstörungen
- Depression bis hin zu suizidalen Tendenzen
- Antisoziale Tendenzen
- Konzentrationsstörungen
- Verminderte Libido
- Hitzewallungen und vermehrtes Schwitzen

Körperliche Verfassung:

- Schwäche, Müdigkeit, Kopf- und Muskelschmerzen
- Übelkeit, Verstopfung
- Gewichtsverlust bzw. -zunahme mit Vergrößerung der Fettdepots
- Schwacher oder verzögerter Urinstrahl, häufiges Wasserlassen
- Verminderte Erektion
- Herzstolpern, erhöhte Pulsfrequenz
- Zellulite, Hautalterung mit Grobporigkeit und Faltenbildung
- Osteoporose (Knochenschwund)

Testosteron. Das gilt besonders für Frauen, die immerhin 50 Prozent ihres Testosterons in den Nebennieren produzieren. Die beste Methode, um den Testosteronspiegel in die Höhe zu treiben, ist natürlich der Sex selbst. Je öfter und leidenschaftlicher Sie die Laken zerwühlen, umso größer werden auch Ihre Lust und Ihr Verlangen.

Die Behandlung mit Testosteron

Bei entsprechenden Symptomen und Blutwerten wird heute in der Anti-Aging-Medizin immer häufiger eine Substitution mit Testosteron beim Mann erwogen. Am besten bewährt haben sich hier bislang die neuartigen Testosterongels, die aufgrund ihrer guten, niedrigen Dosierbarkeit und der leichten Handhabung zu sehr positiven Ergebnissen geführt haben. Obwohl bislang keine Daten für die Entstehung eines Prostatakarzinoms durch Testosteronsubstitution in physiologischen Dosen vorliegen, scheint mir die transdermale Substitution dennoch im Moment die vernünftigste Behandlungsmethode zu sein. Getrübt wird diese eigentlich gute Aussicht durch Berichte aus dem Spitzensport und inzwischen auch schon aus den Fitnessstudios, wo die Verwendung von Testosteron und seiner als Anabolika benutzten Abkömmlinge hinreichend für Schlagzeilen sorgt.

Auch Frauen brauchen Androgene

Bei Frauen wird die Androgensubstitution zur Linderung von Beschwerden in den Wechseljahren kontrovers diskutiert. In Fällen, in denen die Eierstöcke entfernt werden mussten, kam es zu einem deutlichen Androgenabfall. Diesen Frauen konnte durch die Gabe von Testosteronpräparaten gut geholfen werden. Hinsichtlich der Libido braucht es jedoch schon supraphysiologische Blutspiegel. Dabei kann es zu unerwünschten Virilisierungseffekten kommen. Das bedeutet, die Stimmlage kann sich verändern, der Haarwuchs verstärkt sich, und die Haut reagiert mit Irritationen und sogar Akne. Außerdem besteht eine nicht unerhebliche Gefahr der Medikamentenabhängigkeit. Besser eignen sich in manchen Fällen Testosteroncremes, die im Bereich der Klitoris aufgetragen werden. ✖

Gut zu wissen

Bitte denken Sie auch hier immer daran: Die Therapie eines Testosteronmangels zur Behebung von Libidostörungen oder anderer gesundheitlicher Beschwerden gehört wegen der nicht unerheblichen Nebenwirkungen, Komplikationen und Abhängigkeiten unbedingt in die Hände eines erfahrenen Arztes!

Dehydroepiandrosteron (DHEA)

Das Dehydroepiandrosteron steht in der Mitte der Steroidhormone, wie sich das für das Superhormon der Jugendlichkeit gehört. Es wird in unserem Körper bei Bedarf wahlweise in Oestradiol oder Testosteron umgewandelt. Das bedeutet, dass es bei Frauen einen niedrigen Testosteronspiegel ausgleichen kann und bei Männern im richtigen Moment gegen ein Östrogendefizit wirkt.

Eine Hormonsubstitution mit DHEA kann auf Gesundheit und Wohlbefinden folgenden Einfluss haben:

- Spürbare Zunahme an Energie und Wohlbefinden
- Verbesserung der Insulinsensibilität und Glukosetoleranz
- Verminderung des Risikos einer koronaren Herzerkrankung
- Geringe Fettzunahme
- Vermindertes Risiko für eine Arterioskleroseerkrankung
- Anstieg der Libido und der Erektionsfähigkeit
- Vermeidung von depressiven Verstimmungen
- Steigerung der geistigen Leistungsfähigkeit

DHEA – das Multifunktionstalent

DHEA ist eine Hormonvorstufe, die mit Hilfe von Cholesterin in der Nebennierenrinde gebildet wird. Etwa zwischen dem 20. und 25. Lebensjahr haben wir den Höhepunkt unserer DHEA-Produktion erreicht. Danach sinkt das DHEA-Niveau kontinuierlich ab. Mit ungefähr 40 Jahren verfügen Männer nur noch über etwa die Hälfte ihres Höchstwerts von vor 20 Jahren. Mit 80 Jahren sind es nur noch etwa 20 Prozent, und zehn Jahre später, sofern dieses biblische Alter erreicht wird, sogar nur noch fünf Prozent. Eine seiner wichtigsten Eigenschaften erfüllt das DHEA aber als Gegenspieler des Stresshormons Cortisol. Je stärker wir unter Stress stehen, umso größer ist die Menge an Cortisol, die unser Körper produziert. Dieses Zerstörerhormon richtet teilweise irreparable Schäden in unseren Körperzellen an und führt zu Merk- und Konzentrationsstörungen. Sinkt nun mit steigendem Alter

unser Jungbrunnenhormon DHEA und vermehren sich dagegen in gleichem Maß die Stressfaktoren, dann kann dies zu einer rasanten Alterungskaskade führen. Steuern wir hier nicht rechtzeitig gegen, verlieren wir viel zu früh unsere Vitalität und Leistungsfähigkeit.

Die Behandlung mit DHEA

Natürlich ist auch bei DHEA-Mangel eine Substitution möglich. Wie grundsätzlich bei jeder Hormonbehandlung sollte vorab jedoch eine genaue Bestimmung des Hormonstatus durch den Facharzt erfolgen, um eine falsche Dosierung und damit unerwünschte Nebenwirkungen zu vermeiden. Auch eine ausführliche Anamnese mit genauer Beleuchtung der Beschwerden sollte natürlich ebenfalls von professioneller Seite durchgeführt werden, um ernsthafte Erkrankungen auf jeden Fall auszuschließen. ✖

Phenylethylamin (PEA)

Diese adrenalinähnliche Substanz galt lange Zeit als »der Stoff, aus dem die Liebe ist«. Das Phenylethylamin, kurz PEA genannt, scheint uns in einen libidinösen Zustand der Erregung zu versetzen und wirkt wie ein körpereigenes Aphrodisiakum. Chemisch verwandt mit den Amphetaminen und den Catecholaminen (Adrenalin, Noradrenalin und Dopamin), kann man sich den Wirkungsmechanismus wie eine Art Schleuse vorstellen, die ihren Inhalt erst auf die eine Seite hin entleeren muss, bevor sich die Tür auf der anderen Seite wieder öffnet und die Schleuse mit neuen Catecholaminen und Amphetaminen geflutet wird. Jede unserer Hirnzellen hat eine solche Schleuse bzw. Catecholaminspeicher. Dieser biochemische Prozess ähnelt dem einer Stresssituation, z.B. bei einem Feueralarm. Ob die Reaktion jedoch negativ oder positiv besetzt ist, entscheidet allein der auslösende Reiz. Oder anders gesagt, die Begegnung mit einem Menschen, den man um alles in der Welt gerade nicht treffen möchte, läuft genauso ab wie die Reaktion auf die Begegnung mit

Gut zu wissen !

Dass Schokolade glücklich macht, wissen wir schon lange. Dass Schokolade eigentlich auch der Turbobooster für unser Liebesleben sein müsste, ist Ihnen vielleicht neu: Die zarte Versuchung enthält nämlich unser Liebesmolekül PEA in ausgesprochen konzentrierter Form. Es wird jedoch in der Darmschleimhaut zerlegt und gelangt deswegen bedauerlicherweise gar nicht erst in unseren Blutkreislauf.

Gut zu wissen

Das Oxytocin stimuliert unser Verlangen nach Zärtlichkeit und körperlicher Nähe, wie man anhand zahlreicher Versuche mit Ratten und Mäusen festgestellt hat. Je höher der Oxytocinspiegel im Blut, umso intensiver ist nicht nur das Interesse am Geschlechtsverkehr, auch der Nachwuchs wird genauso wie der Sexpartner hingebungsvoll umsorgt. Das reinste Kuschelhormon also.

einem Menschen, nach dem man sich insgeheim leidenschaftlich verzehrt. ✖

Oxytocin

Oxytocin wird im Hypothalamus produziert und im Hypophysenhinterlappen bei Bedarf freigesetzt. Diesem Hormon können wir alle sehr dankbar sein, denn es beschert uns die Freuden des Orgasmus. So ungefähr zumindest. Während die Sexualhormone Östrogen und Testosteron beim Liebesspiel sozusagen den Klangteppich der Erotik bilden, übernimmt beim Höhepunkt das Oxytocin die Stimmführung. Dieses kleine Molekül gelangt beim Orgasmus in Sekundenschnelle vom Gehirn ins Blut und bestimmt durch seine Konzentration die Intensität des Orgasmus. Bei einem Orgasmus steigt der Oxytocinspiegel etwa um das Dreifache des Normalwerts. Frauen schütten auf dem Höhepunkt der Lust mehr Oxytocin aus als Männer. Vermutlich brauchen sie deshalb auch länger, um den Höhepunkt zu erreichen, als ihre männlichen Partner. Wieso Männer nach dem Sex einschlafen und Frauen nach Zärtlichkeit und Zuwendung zumute ist, wäre aus biochemischer Sicht damit auch geklärt – aber trösten Sie sich, meine Damen: Dank des hohen Oxytocinwerts kommen Sie dafür eher in den Genuss multipler Orgasmen als Ihr Partner.

Gegen (Geburts-)Stress

Darüber hinaus wirkt das Oxytocin als Gegenspieler des Stresshormons Cortisol, das nur zu gerne unsere Abwehrkräfte zerstören möchte. Und jetzt können Sie sich auch denken, warum Sex so gesund ist. Mit jedem Orgasmus nämlich tun Sie etwas für Ihr Immunsystem und bleiben dadurch länger fit und vital. Je aktiver Sie Ihr Liebesleben gestalten, umso seltener müssen Sie sich mit Husten, Schnupfen und Heiserkeit herumärgern. Das Oxytocin spielt für Frauen auch eine besonders wichtige Rolle bei der Entbindung, da es die Gebärmutter während des Geburtsvorgangs zu rhythmischen Kontraktionen animiert.

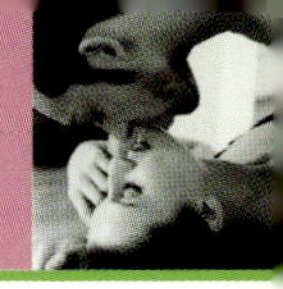

Dadurch kann das Baby mit Hilfe der Wehen den Geburtskanal passieren. Das Hormon regelt darüber hinaus die Milchproduktion in den Milchdrüsen und steuert die Rückbildung der Gebärmutter nach der Geburt. ✖

Serotonin

Serotonin oder auch 5-Hydroxytryptamin (5-HT) gehört zu den neuroaktiven Substanzen, den so genannten Neurotransmittern. Neurotransmitter sind Botenstoffe, die Informationen von einer Nervenzelle an eine andere weiterleiten und so für den Informationsaustausch im gesamten Organismus sorgen. Das Serotonin wird aus der Aminosäure Tryptophan gebildet und sorgt dafür, dass wir innerlich ausgeglichen, zufrieden, selbstbewusst und optimistisch sind. Es fördert außerdem einen tiefen und erholsamen Schlaf. Ein Mangel an Serotonin kann zu depressiven Verstimmungen, Panikattacken und aggressivem Verhalten führen. Der logische Umkehrschluss: Serotonin wirkt sich positiv auf unsere soziale Kompetenz aus und fördert den Gemeinschaftssinn und die Kooperationsbereitschaft.

Serotonin ist unser Gute-Laune-Hormon und sorgt für optimale Stimmung und Konzentrationsfähigkeit.

Liebe ist mehr als eine Hormonschwankung

Die Erforschung dieses wunderbaren Liebeshormons Oxytocin, das nicht nur genauen Aufschluss über die Biochemie des Sex geben kann, sondern auch im zwischenmenschlichen Bereich eine wichtige Rolle zu spielen scheint, wird erst seit etwa zwölf Jahren intensiver erforscht. Während auf der einen Seite Hoffnung für die Behandlung von Libido- und Potenzschwächen zu bestehen scheint, gibt es auf der anderen Seite bereits philosophische Strömungen, die einer solch reduzierten Sichtweise der Liebe den Kampf ansagen. Diese Befürchtung müssen Sie jedoch nicht teilen. Bis gänzlich geklärt ist, welche Rolle das Hormon nun genau bei der Steuerung unseres sozialen Verhaltens spielt, wird noch einiges an Forschungsarbeit notwendig sein.

Auf den richtigen Anschluss kommt es an

Für das Serotonin hat man inzwischen eine ganze Reihe unterschiedlicher Rezeptoren gefunden, die zum Teil stimulierende, teils aber auch hemmende Wirkung auf unsere Sexualität haben. Je nach Rezeptor kommt es zu Veränderungen der Erektion sowie der Ejakulation, und auch die Oxytocinsekretion wird beeinflusst. ✖

Gamma-Aminobuttersäure (GABA)

Die Gamma-Aminobuttersäure ist ebenfalls ein Botenstoff, der die Aktivität bestimmter Nervenzellen beeinflusst. Unsere Gehirnzellen besitzen so genannte GABA-Rezeptoren. Die Gamma-Aminobuttersäure selbst kann die Hirn-Blut-Schranke nicht passieren; das wird jedoch von der Gamma-Hydroxibuttersäure (GHB) übernommen, die in fast allen Zellen unseres Körpers und auch im Gehirn gebildet wird. Die GHB kann zwar die GABA-Rezeptoren nicht besetzen, wird im Gehirn aber teilweise in Gamma-Aminobuttersäure umgewandelt. Über die GABA-Rezeptoren wird ein dämpfender Effekt vermittelt. Auch einige Gestagene können an den GABA-Rezeptoren andocken. Die Gamma-Aminobuttersäure reguliert auch den Oxytocinhaushalt und hat so einen indirekten Einfluss auf unsere Sexualität. ✖

Dopamin

Dopamin ist eine Vorstufe der klassischen Stresshormone Adrenalin und Noradrenalin. Das Dopamin wird im Nucleus infundibularis gebildet. In unserem Stammhirn ist es für die Feinmotorik der Bewegungen verantwortlich. Die Parkinson'sche Erkrankung zeigt die veränderte Motorik bei Dopaminmangel. Physiologisch hemmt das Dopamin auch die Prolaktinsekretion und über den Portalkreislauf des Hypophysenstiels gelangt sie zu den prolactinsezernierenden Zellen der Hypophyse.

Dopamin macht Sie glücklich!

Auch für die Lust ist das Dopamin wichtig. Man nimmt an, dass die Dopaminrezeptoren hinsichtlich ihrer Aktivitätsqua-

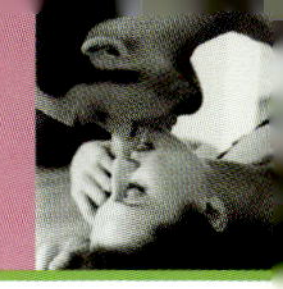

Magie und Biochemie

Die Rinde des afrikanischen Yohimbinbaumes, über die Sie in ihrer Funktion als höchst wirksames Aphrodisiakum ab Seite 86 noch Interessantes erfahren werden, gilt als so genannter α-2-Rezeptorblocker. Rezeptorblocker sorgen dafür, dass bestimmte positive und negative Informationen über unsere Nervenbahnen nicht weitergeleitet werden. Heißt eine negative Information beispielsweise »keine Lust«, kann sie von einem Rezeptorblocker wie dem Yohimbin abgefangen werden. Die erwiesenermaßen erektionsfördernde Wirkung von Yohimbin ist also kein afrikanischer Zauber, sondern ein erklärbarer biochemischer Vorgang.

lität vom Testosteron abhängig sind. In den Stammganglien des Endhirns und im Hypothalamus wird als Reaktion auf äußere und innere Reize über eine Art Belohnungssystem Dopamin ausgeschüttet, was Lust und Glücksgefühle hervorruft. Hier ist vermutlich auch die sexuell stimulierende Komponente der euphorisiernden Rauschmittel zu sehen, die ebenfalls zu einer vermehrten Dopaminausschüttung führen. Eindeutige Forschungsergebnisse liegen hierzu noch nicht vor.

Adrenalin/Noradrenalin

Adrenalin und Noradrenalin sorgen dafür, dass wir in Sekundenschnelle fluchtbereit sind, wenn uns Gefahr droht. Sie erhöhen die Herzschlagfrequenz sowie das Volumen des Blutausstoßes. Damit wird die Arbeitsleistung des Herzes vergrößert. Die Atemwege werden erweitert und sorgen so für eine bessere Sauerstoffversorgung der Muskeln. Zu den Aufgaben des Noradrenalins gehört darüber hinaus die Regulierung des Blutdrucks. Es wird angenommen, dass es über verschiedene Rezeptoren im Gehirn zu einer Erhöhung der sexuellen Bereitschaft kommt. Die α-1-Rezeptoren sollen hierbei eine eher stimulierende Wirkung auf die Sexualität haben, die α-2-Rezeptoren dagegen wirken angeblich hemmend.

Monoamino-Oxydase (MAO)

Die Monoamino-Oxydase ist in der Lage, sich an Botenstoffe wie das Serotonin, das Noradrenalin oder das Dopamin zu binden. Sie kann diese sozusagen »zerbrechen«, d.h. sie in ihre Einzelteile zerlegen, um sie z.B. aus dem Körper zu befördern. Das bedeutet, dass wir bei hohen MAO-Konzentrationen im Blut niedrige Neurotransmitterwerte finden. Im Fall des Dopamins bedeutet das eine depressive Grundstimmung, eine herabgesetzte körperliche Aktivität und Motivation, geistige

Die Monoamino-Oxydase kommt sowohl im Verdauungstrakt als auch im Gehirn vor. Wichtig ist für uns das, was die MAO im Gehirn bewirkt.

Leere und einen schwachen Sexualtrieb. Kurz: eine Beeinträchtigung aller Funktionen, die durch das Dopamin vermittelt werden. Die Lösung sind hier so genannte MAO-Hemmer. Das sind Mittel, die in der Vergangenheit zur Entwicklung so genannter trizyklischer Antidepressiva (Imipramin, Desipramin, Amitriptylin u.a.) führten, weil sie die nämlich die Wirkung der Monoamino-Oxydase blockieren.

Das »Käse-Syndrom«

Bei einer hohen MAO-Konzentration im Blut kommt es zu einer Hemmung der Rückresorption des Noradrenalins. Das ist gleichzeitig die Erklärung für das so genannte »Cheese-Effect-Syndrome«. Denn besonders in altem Käse findet sich ein biogenes Amin, das so genannte Tyramin, das chemisch eng mit unserem PEA verwandt ist, über das wir auf Seite 57f. schon einiges gehört haben. Hier kommt es zu einer Kreuzreaktion zwischen MAO-Hemmern und Tyraminen. Ähnlich wie bei PEA führt dies zu einer Ausschüttung von Catecholaminen. Dies kann allerdings durch MAO-Hemmer und Tyramin zu einer exzessiven Blutdruckerhöhung führen, was unter negativen Umständen Hirnblutung und sogar den Tod zur Folge haben kann. Anders gesagt: Der Teller Pasta mit Käse bedeutet in diesem Fall eine lebensbedrohliche Katastrophe. ✖

Zur Info

Über die Wirkung jedes der oben angeführten Hormone ließen sich ganze Bücher schreiben, und ihre Bedeutung für unsere Sexualität kann im Rahmen dieses Buches nur auf das Wesentliche beschränkt dargestellt werden. Natürlich gibt es noch eine ganze Reihe weiterer hormoneller Substanzen, die eine wichtige Rolle nicht nur in unserem Liebes-, sondern dem Leben an sich spielen. Hierzu gehören das Growth Hormone (GH), die Gestagene, das Vasopressin oder das Prolactin. Diese können hier nur am Rande erwähnt werden.

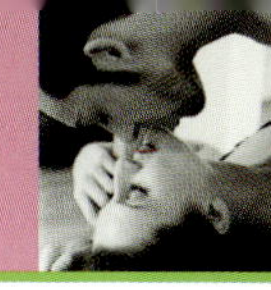

Männer lieben anders, Frauen auch

Um zu wissen, dass Männer und Frauen in Sachen Liebe und Sex vollkommen anders gestrickt sind, dazu braucht es keine wissenschaftlichen Studien. Das erlebt jeder von uns tagtäglich im Beziehungs- und sonstigen Alltag.

Mythen, Legenden und Vorurteile

Wie wir inzwischen gesehen haben, gibt es zwischen Männern und Frauen biochemische Unterschiede in der sexuellen Wahrnehmung und im Verhalten. Gibt es aber tatsächlich genetisch bedingte Verhaltensmuster, die als typisch Mann bzw. typisch Frau gelten können? Oder sind die vermeintlich charakteristischen Handlungsweisen hauptsächlich das Ergebnis traditioneller, gesellschaftlich ausgerichteter Rollenklischees? Die Antworten auf diese Fragen sind so vielfältig wie die gegenseitigen Vorurteile beider Geschlechter, die es immer gab, auch heute gibt und immer geben wird. Sie wissen schon: Männer schlagen nämlich besser Nägel in die Wand, und nur Frauen können dafür so richtig gründlich staubsaugen. Oder: Männer haben das größere Gehirn und sind deswegen von Haus aus klüger, und Frauen denken mit dem Herzen und nicht mit dem Gehirn.

Ein Porsche macht noch keinen Mann

Kommt Ihnen da jetzt etwas komisch vor? Ganz recht: Auch wenn es Fähigkeiten gibt, die vermutlich von den männlichen und weiblichen Geschlechtshormonen gesteuert werden können, wie sich die Wissenschaft zu beweisen bemüht, sind die daraus abgeleiteten Typologien nun doch als eher zufällig zu bewerten. Oder? Zumindest meine Klassifizierung bitte ich nicht so ganz ernst zu nehmen, wenngleich sich bestimmt jeder von Ihnen in der einen oder anderen Beschreibung ansatzweise wiederfinden dürfte. Mischtypen sind übrigens keinesfalls ausgeschlossen, sondern eher die Regel! ✖

Typologie der Erotik

Der Buddy – Auch nachts um drei Uhr wirft er noch einen Blick auf ihre kaputte Waschmaschine, doch verdrückt er sich lieber zu den Kumpels, bevor sie wieder anfängt, über Gefühle zu reden. Sein Idealbild einer Frau ist das patente Mädel zum Pferdestehlen, das auch ein paar Bier verträgt. Und zwar ohne sentimental zu werden. Sex ist für ihn zwar eine erfreuliche, aber wirklich eine rein körperliche Angelegenheit. Frauen mit ausgeprägtem Kuschelbedürfnis kommen bei ihm bestimmt nicht auf ihre Kosten. Ist sie ungeschickt genug, ihn vor die Wahl zu stellen – ich oder deine Freunde –, dann zieht sie ganz bestimmt den Kürzeren.

Fazit: Wer seine Erwartungen nicht zu hoch schraubt, kann durchaus seinen Spaß haben.

Mr. Body – Er kommt natürlich immer zuerst, egal, ob im Bett oder an der Bar. Schönheit hat schließlich Vorrang, oder etwa nicht? Er braucht eigentlich keine Frau, sondern einen Spiegel, aber wenn er dann doch ein weibliches Gegenstück gelten lässt, sind die Übereinstimmungen bestimmt nur rein äußerlich. Man hat ja schließlich gewisse Ideale und vor allem auch einen Ruf zu verlieren. Sex ist für ihn hauptsächlich eine Bestätigung seiner optischen Perfektion. Er liebt einfach das Gefühl der Macht, das ihm sein trainierter Körper gibt, und liefert auch im Bett ein bühnenreifes Muskelspiel. Mehr aber auch nicht. Ihn in die Horizontale zu bekommen, ist nicht weiter schwer, zumal ihm das Testosteron in der Regel schon aus den Ohren tropft. Hängen Sie mehr an seinen Muskelpaketen als an seinen Lippen und versichern Sie ihm immer wieder, wie wahnsinnig sexy Sie starke Männer finden.

Fazit: Erotikfaktor sehr hoch, für die Praxis jedoch ungeeignet.

Der Softie – Er möchte möglichst immer alles richtig machen. Deshalb schmachtet er die Angebetete lieber aus der Ferne an. Klappt es dann doch einmal mit der Nachbarin, gibt er dem körperlichen Drang nur nach eindeutiger Aufforderung nach – schließlich muss man nichts überstürzen und sollte die Grundfesten der Beziehung erst einmal ausdiskutieren. Bei einem Tee. Er möchte doch wissen, worauf er sich einlässt, und außerdem will das Liebesereignis gründlich geplant sein, damit er ihre Erwartungen auch erfüllt. Der Akt an sich ist dann eher mühsam. Welche Frau gibt im Bett schon gerne bei jeder Bewegung Auskunft über den aktuellen Grad ihrer Erregung und Befindlichkeit?

Fazit: Nur für den zu empfehlen, der garantiert keine Überraschungen lieben.

Der Casanova – Er hält sich für unwiderstehlich, und die Anzahl seiner Eroberun-

gen beweist zumindest ihm selbst: Er ist es auch! Sein Geheimnis? Er ist ein Frauenversteher. Er weiß, was sie denken, was sie fühlen, und vor allem weiß er, was sie wollen. Erst erfüllt er romantische Sehnsüchte und danach weitaus weniger romantische Begierden. Die Frauen liegen ihm zu Füßen, und seines Sieges gewiss poliert er seine Eitelkeiten mit den Tränen ihrer Herzen, wenn er sie wieder verlässt. Er benutzt die Frauen jedoch nicht, denn natürlich liebt er jede einzelne von ihnen. Ihr Pech, dass es einfach zu viele sind und er jede mit seiner körperlichen Gegenwart beglücken möchte. Auch wenn er der perfekte Liebhaber ist, geht es ihm weniger um den sexuellen Akt als um die Eroberung an sich. Und trotzdem verzehrt sich jede Frau nach seiner erotischen Gunst.

Fazit: Zu sinnlich, um wahr und zu erotisch, um von Dauer zu sein.

Die Intellektuelle – Haben Sie die kürzlich erschienene Abhandlung über die destruktive Konformität in der neorealistischen Literatur des letzten Jahrzehnts des vergangenen Jahrhunderts gelesen? Nein? Sie kennen auch nicht die musikalische Entwicklung in den pentatonischen Orchesterwerken Hans Werner Henzes im Verlauf der letzten 25 Jahre? Dann lassen Sie's lieber gleich. Das ist eindeutig die falsche Frau für Sie, und jeder Versuch, sie dennoch auf sich aufmerksam zu machen, kann für Sie nur blamabel enden. Kommt es zur körperlichen Vereinigung, dann nur, nachdem er sich in nächtelangen Diskussionen als ihrer ebenbürtig erwiesen hat. Und auch jetzt bestimmt der Verstand das Geschehen. Sie würde bei niemandem jemals die Kontrolle über sich und ihre Sinne verlieren. Eher hält sie ihrem Partner beim Koitus noch einen Vortrag über die sexualwissenschaftlichen Fehleinschätzungen von Sigmund Freud.

Fazit: Wenn Sie gerne Sex mit einem wandelnden Lexikon haben, könnte das was für Sie sein.

Das Vollweib – die Urmutter jeder Vorstellung von Sex und Sinnlichkeit. Die Frau, die hauptsächlich aus Brüsten besteht. Bei der jede wohlgeformte Rundung, jedes Gramm Körpergewicht eine geballte Ladung Erotik versprechen. Zumindest aus männlicher Sicht. Inbegriff der Fruchtbarkeit, Verkörperung des Weiblichen schlechthin. Sie nimmt sich, was sie haben möchte. Auch an Männern. Und sie kann alle haben, jeder, den sie ins Visier nimmt, erliegt über kurz oder lang ihren sinnlichen Formen, die sie immer ins rechte Licht zu rücken versteht. Sie genießt die Liebe und das Spiel ums Verführen – doch wer verführt hier wen? Geben Sie sich keiner Illusion hin, meine Herren, sie weiß genau, welche Register sie ziehen muss. Und schneller, als Sie schauen können, finden Sie sich in ihrem Bett wieder und gratulieren sich noch selbst zu Ihrer genialen Eroberungstaktik. Also Vorsicht – sie bestimmt die Regeln, und wohl dem, der ihre Gunst genießt – wenn auch nur für kurze Zeit.

Fazit: Ein sinnlicher Traum – ein Albtraum, wenn's vorbei ist.

Das Heimchen – Männer wollen nur das eine. Der körperliche Vollzug der Ehe – oder eheähnlichen Gemeinschaft – wird von ihr als unvermeidbares Übel eher geduldet als erwünscht. Wegen ihr müsste das Geschaukel zwischen den Laken bestimmt nicht sein. Aber wenn schon, dann muss auch alles seine Ordnung haben. Also nur, wenn's dunkel ist, das Kleenex griffbereit, und was anderes als die Missionarsstellung ist sowieso unanständig. Und, bitteschön, einmal im Monat, das reicht ja nun wirklich. Lieber konzentriert sie sich darauf, dem Liebsten ein behagliches Zuhause zu schaffen, sich beim Schmieren seiner Pausenstullen fürs Büro immer wieder was Neues einfallen zu lassen und Sammelbestellpartys für Versandhäuser zu organisieren.

Fazit: Wenn Sie auf Scheibengardinen mit Tiermotiven stehen und beim Sex die Socken anlassen – perfekt.

Die Karrierefrau – perfekt gestylt, perfekt organisiert, perfekt geplant. So wirkt sie nicht nur äußerlich, nach diesem Motto verläuft ihr gesamter Lebensentwurf. Nichts wird dem Zufall überlassen, weder wann noch mit wem sie ins Bett geht. Von dem Ehrgeiz getrieben, sich beruflich gegen ihre männlichen Konkurrenten durchzusetzen, scheut sie weder Aufwand noch Mühe, genau diese von ihren Qua-

litäten als Frau zu überzeugen, um hinterher seine männliche Schwäche gegen ihn zu verwenden. Die mangelnde Attraktivität ihrer jeweiligen Liebhaber steigt mit seiner Macht, seinem Erfolg und dem, was er für sie beruflich tun kann, und die berechnete und berechnende Erotik ihrer Reize hilft ganz trefflich, so manche Stufe auf der Karriereleiter zu überspringen. Und das ohne Skrupel, schließlich weiß sie genau, dass sie besser ist als alle anderen – und zwar nicht nur im Bett. ✖

Fazit: Kalt wie ihr chromglänzendes Büro sollten Sie besser halten, was sie sich von ihnen verspricht.

Männer wollen Sex, Frauen brauchen Liebe

Männer stehen auf scharfe Dessous, und für Frauen gilt: je höher der Romantikfaktor, umso größer die Chance auf eine Liebesnacht! Wenn Sie jetzt erwarten, dass ich Ihnen diese altbekannte Tatsache als längst überholtes Klischee vorführe, dann muss ich Sie enttäuschen. Es ist tatsächlich so, dass für die meisten Frauen Sex und Romantik zusammengehören und Männer es nun mal lieben, wenn die Partnerin sie mit einer wechselnden Reizwäschekollektion verwöhnt. Nicht dass Männer überhaupt keinen Sinn für Romantik oder Frauen überhaupt keinen Spaß an spontanem Sex hätten. Grundsätzlich ist die Motivation für eine Liebesnacht bei Männern und Frauen jedoch eine ganz andere.

Frauen brauchen für Sex einen guten Grund, Männer eine gute Gelegenheit.

Fragt man Frauen, was ihnen an einem Mann wichtig ist, wird im Normalfall vielleicht die stattliche Statur genannt, die schönen Augen oder Hände. Über allem steht jedoch die Fähigkeit, ihr das Gefühl zu geben, geachtet und geliebt zu werden. Die Klärung der Gefühlsebene ist für Frauen überaus wichtig. Nur wenn er in der Lage ist, emotionale Zugeständnisse zu machen, wird sie bereit sein, Sex mit ihm zu haben und ihn so als potenziellen Vater ihrer zukünftigen gemeinsamen Nachkommen akzeptieren.

Der Weg zum Herzen eines Mannes ...

... führt durchs Schlafzimmer. Männer müssen erst Sex haben, bevor sich ihre Gefühle überhaupt zu Wort melden. Der Sex eröffnet ihnen den Weg zu tieferen Emotionen, und durch den Sex können sie der Liebe, die sie für eine Frau empfinden, am besten Ausdruck verleihen. Vielleicht kommt Ihnen die Situation bekannt vor: Ein Mann und eine Frau haben sich längere Zeit nicht gesehen. Beide sind voller Vorfreude und Erwartung auf das Wiedersehen. Kaum allein, macht er sich an den Verschlüssen ihrer Kleider zu schaffen und kann es kaum abwarten, sie ins Bett zu bekommen.

Der Weg zum Herzen einer Frau …

… ist mit Worten gepflastert. Frauen wollen reden, den Partner betrachten, berühren, im Arm gehalten werden. Und schon haben wir das schönste Missverständnis. Er denkt, sie freut sich nicht über seine Anwesenheit und geht deswegen auf sein Drängen nicht ein. Sie ist genervt, weil er nur Sex im Kopf hat. Glauben Sie mir, meine Damen, das unübersehbare Verlangen Ihres Liebsten ist ein einziger, schreiender Beweis dafür, wie sehr er Sie vermisst hat. Sex ist für ihn die stärkste Möglichkeit, Ihnen seine Liebe zu zeigen. Er kann es nicht anders. Und deswegen reduziert er Sie auch nicht auf das Körperliche, er erhebt Sie sozusagen in den Olymp seiner Zuneigung.

In den Genen festgelegt

Dass Männer und Frauen die gleichen sexuellen Bedürfnisse haben, wäre zwar schön, ist aber leider schon von der Evolution her gesehen hoffnungslos. Schließlich waren es schon immer die Männer, die alle Gefahren und Mühen auf sich genommen haben. Sie mussten für Nahrung sor-

gen, die Familien beschützen, sichere Lagerplätze suchen und außerdem für die Arterhaltung geradestehen. Die Liebe eines Mannes zeigt sich also darin, dass er Beute mit nach Hause bringt und für Licht und Wärme sorgt. Und dafür will er gelobt werden. Die Gedanken der Frau kreisen um den Nestbau und den Nachwuchs. Dafür will sie allerdings auch Anerkennung. Bekommt sie Zuwendung und Aufmerksamkeit, fühlt sie sich angenommen, und schon klappt's auch mit dem Sex. ✖

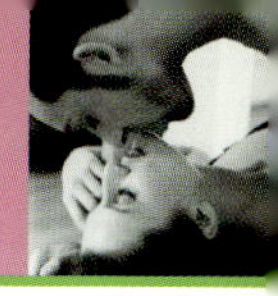

Unterschiede im Sexualverhalten

Im individuellen sexuellen Verhalten gibt es genauso viele Variationen der Handlungsweisen, wie es Liebespaare gibt. Zum Glück, kann man nur sagen, denn sonst wären nicht nur alle Sexpartner gleich. Der Beischlaf hätte nichts mehr mit Phantasie und Erotik zu tun und würde vor lauter Langeweile tatsächlich nur noch zum Zweck der Fortpflanzung vollzogen werden. Es gibt aber auch noch andere, geschlechtsspezifische Unterschiede, die niemals vermuten ließen, dass Mann und Frau tatsächlich von der gleichen Sache sprechen.

Männer und Frauen ergänzen sich – im Optimalfall

Bitte lassen Sie sich aber jetzt nicht zu dem Irrglauben verleiten, Männer und Frauen gehören einfach nicht zusammen. Ganz falsch, denn die geschlechtsspezifischen Unterschiede bestehen nicht in einer drastischen Polarität von Mann und Frau. Vielmehr befinden sich das Männliche und das Weibliche in einem Kontinuum mit fließenden Übergängen. Denn jeder Mensch trägt sowohl männliche als auch weibliche Anlagen in sich – den 100-prozentig maskulinen Mann gibt es also ebenso wenig wie die 100-prozentig feminine Frau. Dass die Gegensätze zwischen Mann und Frau grundsätzlich gar nicht so groß sind, haben viele Untersuchungen der letzten 30 Jahre deutlich bewiesen. Die Bereiche, in denen es eine geschlechtsspezifische Differenz gibt, sind das räumliche Orientierungs- und Vorstellungsvermögen, die verbalen Fähigkeiten, das soziale Verhalten, die Aggressivität und das Interesse an Gelegenheitssex.

Räumliches Orientierungs- und Vorstellungsvermögen

Männer sind zwar nicht klüger als Frauen, sie können sich jedoch besser orientieren.

Mein Tipp

Damit der Sex für beide ein befriedigendes Ereignis wird, sollten Sie Einfühlungsvermögen und gegenseitiges Verständnis nicht mit den Kleidern ablegen. Bedenken Sie eines: Ein Mann will sich beim Sex entleeren, eine Frau sucht Erfüllung, es geht auch im wahrsten Sinne des Wortes um das körperliche Erfülltsein von etwas – erfüllt von dem Geliebten nämlich. Für einen Mann ist der Sex dann befriedigend, wenn er Spannung abbauen kann, eine Frau dagegen möchte mit dem Sex Spannung aufbauen.

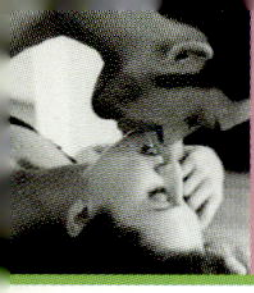

Ob das der Grund ist, warum Frauen keine Straßenkarten lesen können und Männer deswegen nie den richtigen Weg finden, sei jetzt einmal dahingestellt.

Verbale Fähigkeiten

Frauen können sich dafür besser ausdrücken. In Tests, in denen die Sprachflüssigkeit und die Sprachproduktion untersucht wurden, haben Frauen deutlich besser abgeschnitten als Männer. Freuen Sie sich jedoch nicht zu früh. Das ist nicht endlich der Beweis dafür, dass der unbremsbare Redefluss vieler Frauen also doch genetisch bedingt ist. Denn die Untersuchung zeigt auch, dass der Unterschied umso geringer zu werden scheint, je höher die Gesellschaft des jeweils untersuchten Landes entwickelt ist.

»Verbringst du eine Nacht mit mir?«

In einer interessanten Studie Ende der 1980er Jahre wurden Studenten und Studentinnen gebeten, auf dem Campus ihnen unbekannte Studierende des jeweils anderen Geschlechts anzusprechen (»Ich habe dich schon vor einer ganzen Weile bemerkt und finde dich sehr attraktiv«) und ihnen dann eines von drei Angeboten zu machen:

- a) »Würdest du heute abend mit mir ausgehen?« oder
- b) »Würdest du mit mir auf mein Zimmer kommen?« oder
- c) »Würdest du heute nacht mit mir schlafen?«

Bei der Reaktion auf Frage a) gab es keinerlei geschlechtsbestimmte Unterschiede. Sowohl etwa die Hälfte der Männer als auch die Hälfte der Frauen waren mit einer Verabredung einverstanden. Lediglich sechs Prozent der Frauen, aber 69 Prozent der Männer stimmten zu, mit auf das Zimmer zu kommen. Keine einzige Frau, aber 75 Prozent der Männer wollten mit dem bzw. der unbekannten Frager/in ins Bett gehen. (Nach Beier/Bosinski u. a.)

Soziales und Aggressionsverhalten

Auch im sozialen Miteinander schneiden Frauen bei weitem besser ab. Männer sind innerhalb einer Gruppe primär auf die Lösung einer Aufgabe konzentriert und legen dabei Konkurrenzdenken und autokratisches Verhalten an den Tag. Für sie stehen Leistung und Ansehen im Mittelpunkt. Frauen dagegen versuchen, die Gruppe als Einheit zu stärken, und gehen bei der Lösungsfindung eher demokratisch vor. Sie achten mehr auf die Harmonie innerhalb einer Gruppe und das Wohlbefinden der anderen Gruppenmitglieder. Hieraus ergibt sich ein Unterschied in der Aggressionsbereitschaft fast von selbst. In der instinktiven Annahme, sich gegen mögliche Konkurrenten behaupten zu müssen, zeigen Männer mehr unprovoziertes fremdverletzendes Verhalten als Frauen. Das zeigt sich häufig schon im Kindesalter, wenn Jungen eher zu Raufspielen neigen und eher Probleme mit der Disziplin haben.

Interesse an Gelegenheitssex

Die Frauen haben sich in den letzten 50 Jahren nicht nur in der Arbeits- und Berufswelt emanzipiert, sondern auch Paarbeziehungen werden inzwischen gleichberechtigt geführt und sind längst nicht mehr einseitig von Männern dominiert. Trotzdem ist die Bereitschaft zu zufälligen, anonymen Sexualkontakten bei Männern um ein Vielfaches höher als bei Frauen. Dass Frauen weniger an schnellem, anonymem Sex interessiert sind, zeigt auch die geringe weibliche Nachfrage nach männlichen Prostituierten. ✖

Bordelle für Frauen sind immer noch die Ausnahme.

---

[1] Briffault, Robert: The Mothers. Macmillan. New York 1929. S. 494

[2] Wilkins, Eithne: The Rose Garden Game. Gallancz. London 1969. S. 122

[3] Walker, Barbara: Das geheime Wissen der Frauen. dtv. München 1995. S. 1002

[4] Simons, G.L.: Sex and Superstition. Harper & Row. New York 1973. S. 141

[5] Fromm, Erich: Anatomie der menschlichen Destruktivität. Rowohlt Verlag. Reinbek 1991. S. 190

Liebe
und Lust aus der Natur

● Die griechische Göttin Aphrodite hat den Substanzen ihren Namen gegeben, die zu allen Zeiten und auf der ganzen Welt Hoffnungsträger derjenigen waren, die unter Liebesnöten litten. Häufig wurde sie durch Blumen oder Pflanzen symbolisiert, wie z.B. durch Rosen, Mohn oder Lindenblüten. Aphrodite galt als Patronin der Liebenden und der Liebe. Sie war keine Göttin der idealisierten, reinen Liebe, sondern verkörperte die lustvolle Liebe. Sie wurde als Göttin der Sinnlichkeit, des Reizes, der Anmut und der Prostitution verehrt. Die Geschichtsschreibung weiß von einer Vielzahl von Liebhabern, unter anderem auch von dem Kriegsgott Ares, der mit Aphrodite den Liebesgott Eros zeugte.

Als Sammelbezeichnung für die Teile bestimmter Pflanzen, Tiere, Mineralien und Lebensmittel galten und gelten Aphrodisiaka auch heute für sich oder als Mischung in den unterschiedlichsten Kulturen als die Verheißung für höchste sexuelle Erfüllung schlechthin. Sie sind nicht dafür gedacht, Krankheiten zu heilen, sondern das gesunde Erleben von Sexualität zu bereichern. ✖

Geschichtlicher Überblick

Unter dem Begriff »Aphrodisiaka« versteht man auf der ganzen Welt bestimmte Substanzen, die eine Steigerung der sexuellen Kraft und des sinnlichen Erlebens bewirken sollen.

Durch alle Zeit und alle Welt

Die Verwendung von Aphrodisiaka geht bis in die vorchristliche Zeit zurück. Schon von den Neandertalern ist bekannt, dass sie Pflanzen verwendeten, die später wegen ihrer libidofördernden Kraft geschätzt wurden. Schriftliche Hinweise finden sich bei den alten Ägyptern, den Sumerern und natürlich auch bei den Chinesen. In China war besonders Ginsengwein wegen seiner anregenden Wirkung verbreitet. Man setzte seine Hoffnung aber auch in den Urin von Tigern oder die Hoden von Hengsten.

Die Tradition der Liebe

Bereits das Kamasutra, das wohl berühmteste Lehrbuch der Liebe aller Zeiten, wusste von der anregenden Wirkung vieler Substanzen aus dem Reich der Pflanzen, Tiere und Mineralien zu berichten. Das darin genannte Geheimrezept für die Steigerung der Potenz lautet: täglich einen Becher Milch mit Zucker, der Wurzel der Uchchatpflanze, Pfeffer und Lakritze trinken. Wer eine Mixtur aus pulverisierten Blüten des Blauen Lotus mit geklärter Büffelmilchbutter und Honig zu sich nimmt, wirkt unwiderstehlich. In Tibet setzte man bei Potenzproblemen eher auf tierische Mittel. Betroffene Männer erhiel-

Zur Info

In China wird auch heute noch das Pulver des amerikanischen Rhinozeros als Aphrodisiakum verkauft. Das macht die Chinesen nicht unbedingt zu besseren Liebhabern, hat das Nashorn jedoch inzwischen auf die Liste der vom Aussterben bedrohten Tierarten gebracht.

ten einen Trank aus in Milch gekochten Schafbockhoden.

Kein Vorrecht der Männer

Auch der weiblichen Lust wurde natürlich nachgeholfen. Im Orient beispielsweise verabreichte man Frauen die Galle von Ziegenböcken, um ihre Lust zu wecken. Rieb sich ein Mann in Japan eine Mischung aus geriebenem Weißdorn, scharfem Pfeffer und Algenextrakt auf den Penis, wurde er für das unangenehme Brennen auf seinem besten Stück mit der regen Anteilnahme seiner Partnerin beim Geschlechtsakt belohnt. ✖

Germanischer Liebeszauber

Die alten Germanen verglichen ihre Potenz gerne mit einem Hirschgeweih. Wer seine Manneskraft unterstützen wollte, streute das pulverisierte Horn eines Hirsches in einen Trank aus eingedickter Milch. Je mächtiger hierbei Hirsch und Geweih, umso eindrucksvoller danach natürlich die Erektion. Auch die belebende Wirkung des Honigs und vieler anderer pflanzlicher Mittel war bei den Germanen bekannt.

Auch heute trifft man immer noch auf den Irrglauben, dass die Qualität eines Liebhabers abhängig ist von der Größe seines Penis.

Des Mannes bestes Stück

Der Phallus als Symbol der Fruchtbarkeit und Macht findet sich bereits in steinzeitlichen Malereien in markanter Ausprägung. In späteren Kulturen waren Penis und Potenz Mittel der Macht. Je mehr Frauen z. B. das Oberhaupt eines Stammes befriedigen konnte, umso größer war sein Ansehen. Die Größe und Funktionsfähigkeit des Penis spielte immer schon eine wichtige Rolle in Hinblick auf das Selbstbewusstsein seines Besitzers.

Die Kunst des Liebens

Bei den Griechen und Römern waren ausgezeichnete sexuelle Fähigkeiten von größter Wichtigkeit. Der römische Dichter Ovid hat mit seinem Werk »Ars amatoria« daher eine genaue Anleitung geschaffen, wie nach allen Regeln der Kunst geflirtet, verführt und geliebt wird. Doch die Liebeskraft hatte sehr stark unter der exzessiven antiken Lebensart zu leiden. Die Übersättigung mit dekadenten Sinnesfreuden aller Art hat der Fruchtbarkeit und Manneskraft stark zugesetzt. Die Angst vor Impotenz war auch vor 2000 Jahren schon groß, und Überlieferungen zufolge waren bereits zu dieser Zeit Ersatzpenisse im Einsatz.

Angeblich hat die Manneskraft des römischen Kaisers Nero bei einer Senatorengattin versagt. Die enttäuschte Dame hat daraus kein Geheimnis gemacht und in ganz Rom für Unterhaltung gesorgt.

Der Wille der Götter

Der Gebrauch von aphrodisierenden Pflanzen war und ist überall auf der Welt nachweisbar. Die Verwendung der liebesfördernden Mittel wird jedoch von Kulturkreis zu Kulturkreis sehr unterschiedlich bewertet. Wo die westliche Welt konservativ mit Verbot und Restriktion reagiert, gelten luststeigernde Pflanzen in östlichen Ländern mitunter auch als Bereicherung des Alltags. Besonders Naturvölker haben ein sehr entspanntes Verhältnis zu den sinnlichen Gaben der Natur. Aus ihrer Sicht ist die Sexualität auch eine Verbindung zu den Göttern. ✖

Liebeszauber im Mittelalter

Der natürliche Umgang mit diesen Mitteln fand sein Ende mit der Prüderie und Lustfeindlichkeit des Christentums. Aphrodi-

siaka galten als Teufelswerk, die Heilkraft der Pflanzen wurde dämonisiert. Wer über pflanzenkundliches Wissen verfügte, stand schnell im Ruf, im Pakt mit dem Teufel zu stehen, und schon waren damit Schuldige für das sexuelle Unvermögen vieler Männer, aber auch für die Kinderlosigkeit der Frauen gefunden. Dabei war es das gute Recht einer Frau, die Ehe annullieren zu lassen, wenn der Mann nicht in der Lage war, seinen ehelichen Pflichten nachzukommen. Die nicht weniger beschämende Alternative bestand darin, der Gattin einen Liebhaber ins Bett zu brinden. Vorbeugende Maßnahmen waren hier verständlicherweise trotz Strafe und Verfolgung höchst willkommen. Den Naturforschern des Mittelalters verdanken wir heute eine Fülle an Informationen und Rezepturen, die über die Verwendung zahlreicher Pflanzen und auch Tiere Aufschluss geben.

Stoffe aus dem Paradies

Gewürze hatten im Mittelalter eine ganz besondere Stellung unter den Aphrodisiaka. Sie galten als Brücke zum Paradies, das mit den Düften von Zimt, Nelken, Ingwer und Muskat erfüllt sei. Sie waren auch ein Symbol gegenseitiger Zuneigung und wurden als Freundschaftspfand unter Liebenden verschenkt. Besonders Muskat und Curry waren beliebt, um die Liebessäfte in Wallung zu bringen. Ein paar Jahrhunderte später waren es dann Zwiebeln, Minze und Bohnen, welche die Liebessäfte in Wallung bringen sollten. Aber auch zu dieser Zeit gab es christliche Vorbehalte. Georg Friedrich Most rief 1843 dazu auf, für das Würzen der Speisen von Kindern und Jugendlichen nur Salz und Zucker zu verwenden, denn alles andere wecke »zu früh die Geschlechtslust und gibt dadurch Anlass zur Onanie...«. ✖

Die Macht des Glaubens

Die Suche der Menschen nach Mitteln und Wegen, die sexuelle Begierde zu wecken, aufrecht zu erhalten oder zu steigern, ist so alt wie die Menschheit selbst. Das Versprechen des erotischen Sinnesrausches hat schon immer und wird auch immer die Phantasie von Frauen und Männern beflügeln. Egal, ob zur »liebe«-vollen Manipulation, zur Überwindung von Blockaden und Hemmungen oder aus sexueller Neugier eingesetzt, man darf niemals vergessen, dass Aphrodisiaka viel mit Wissen, aber auch viel mit Glauben zu tun haben.

Was und für wen sind Aphrodisiaka?

Aphrodisiaka sind keine Mittel, ohne die man weder leben noch lieben könnte. Sie sind da, um das Leben schöner und die Liebe sinnlicher zu machen.

Die Wirkungsweise von Aphrodisiaka

Liebe und Sex kommen in der Hektik der täglichen Anforderungen oft zu kurz. Ist dann doch einmal Zeit für ein paar intime Stunden, kann man diese oft nicht richtig genießen, und schnell breiten sich sexuelle Unlust sowie Potenz- und Orgasmusprobleme aus. Heute geht man in solchen Fällen zum Psychologen, früher und in anderen Kulturkreisen auch heute noch greift man zu Aphrodisiaka, um die Liebesglut neu zu entfachen.

Die Sehnsucht nach unerschöpflicher Liebeskraft

Die erotisierenden Stimmungsmacher stehen seit Urzeiten für den Wunsch, grenzenlos sinnlich und potent zu sein und den Liebesakt in nie gekannter Intensität zu erfahren. Aber man sollte sich nicht damit zufrieden geben, irgendwelche liebesfördernden Mittel einzunehmen, sondern auch das Ambiente entsprechend liebevoll abstimmen. Je mehr die ganze Atmosphäre sexuelle Bereitschaft vermittelt, umso eher greift der aphrodisische Zauber. Denn die Wirksamkeit der Substanzen hängt auch von der persönlichen Einstellung ab. Der Gebrauch von Aphrodisiaka allein führt nicht zur Lösung der Probleme, man muss sich auch seelisch darauf einstellen. Denn der Glaube versetzt ja bekanntlich Berge.

»Aphrodisiaka sind Gewürze der Erotik, die den Sex verfeinern und kultivieren«, weiß der Ethnobotaniker Christian Rätsch.

Bei wem sie wirken

Aphrodisiaka müssen sehr hohe Erwartungen erfüllen. Sie sollen nicht nur den Geschlechtstrieb stärken, sondern auch die sexuelle Erlebnisfähigkeit erhöhen. Auch

hier möchte ich noch einmal ganz deutlich sagen, dass bestimmte Stoffe sicherlich eine anregende Wirkung auf den Organismus haben können und dadurch Einfluss auf unser Liebesleben nehmen. Das funktioniert jedoch nur dann, wenn der Mensch, der diese Mittel zu sich nimmt, organisch und psychisch gesund ist. Bei Erkrankungen der Geschlechtsorgane, sexuellen Funktionsstörungen und schweren psychischen Blockaden ist der medizinische Rat des Facharztes unerlässlich.

Wie sie wirken

Der Wirkungsweise der lustfördernden Substanzen liegen ganz verschiedene Mechanismen zu Grunde. Grundsätzlich fördern Aphrodisiaka die sexuelle Empfindung durch gesteigerte Durchblutung des gesamten Organismus, insbesondere der Genitalien. Wie wir weiter oben gesehen haben, regen sie aber auch Prozesse im Gehirn an. Einige Inhaltsstoffe wirken beispielsweise auf den Hormonhaushalt, in dem das Glückshormon Serotonin erheblich unsere Gefühlslage mitbestimmt. Durch andere wiederum wird der Blutdruck gesteigert, wodurch man sich vitaler fühlt. Auch die beruhigende und entspannungsfördernde Wirkung von vielen Pflanzen kann das Liebesleben positiv beeinflussen. Damit lassen sich wohltuende »Zaubermittel« wie beispielsweise anre-

Das können Aphrodisiaka ?

- Aphrodisiaka wirken entspannend und steigern dadurch die Bereitschaft, sich auf Erotik und Sex einzulassen
- Durch eine hohe Konzentration an Nährstoffen und Vitaminen wirken sie positiv auf den gesamten Organismus
- Sie sorgen für eine bessere Durchblutung der Bauchorgane und stimulieren dadurch indirekt auch die Lust
- Die männliche Erektionsfähigkeit wird gesteigert, und die Spermienproduktion wird erhöht. Einer vorzeitigen Ejakulation wird vorgebeugt
- Der Genuss des Orgasmus wird intensiver und dauert länger
- Durch die Sensibilisierung der Haut werden Berührungen intensiver erfahren

gende Speisen und prickelnde Getränke, entspannende Tees und stimulierende Duftöle herstellen. ✖

Wer nimmt Aphrodisiaka?

Aphrodisiaka sind für jeden, der seine Sexualität lebendig erhalten möchte, Lust auf Neues hat und der seine Partnerschaft kreativ und sinnlich leben will. Aphrodisiaka sind keine Mittel, um sexuelle Störungen zu beheben oder gar sexuelle Krankheiten zu heilen.

Spielerisch ausprobieren

Viele Paare haben gelernt, ihre Sexualität durch anregende und potenzsteigernde Mittel zu bereichern und gemeinsam neue

Wer organisch krank ist, braucht einen Arzt und keine Förderung der Liebesfähigkeit.

Dimensionen der Sinnlichkeit zu entdecken. Natürlich kann das Liebesleben ohne Aphrodisiaka auch befriedigend sein, aber doch sind sie die Würze der Erotik. Wer ohne große Erwartungen und vor allem ohne körperliche Beschwerden an das Thema herangeht, der wird am ehesten mit ungeahnten sinnlichen Genüssen belohnt werden.

Welche Arten gibt es?

Der sinnlichen Wirkung luststeigernder Mittel auf Frauen und Männer wird auch aktuell mit modernsten wissenschaftlichen Untersuchungsmethoden nachgegangen. Jene Pflanzenstoffe, die vor noch nicht einmal 100 Jahren als Hexengebräu oder Quacksalbertinkturen verschrien waren, erleben interessanterweise heute eine Renaissance als durchaus effektive anregende Substanzen und teilweise auch als Heilmittel gegen körperliche Leiden. Die Substanzen werden in drei große Hauptgruppen unterteilt:

- Nahrungsmittel (z.B. Trüffel, Spargel, Fleisch)
- Genussmittel (z.B. Kaffee, Tee, Gewürze)
- Gifte (z.B. Fliegenpilz, Äther)

Eine weitere, vierte Kategorie fällt in den Bereich der Überlieferungen und Sagen und umfasst beispielsweise Drachenzähne, Yetifleisch oder das seltene Horn des Einhorns. Natürlich ist dies längst kein wissenschaftliches Terrain mehr, sondern muss zur näheren Erforschung den Mythologen überlassen werden. ✖

Welche Arten von Aphrodisiaka gibt es?

Bei der Suche nach geeigneten Mitteln zur effektiven Behandlung von Bluthochdruck und koronaren Herzkrankheiten kam es zu einer sehr überraschenden Beobachtung. Zwar musste die Hoffnung auf ein kompetentes Herz-Kreislauf-Mittel bedauerlicherweise aufgegeben werden, jedoch stellte man eine deutlich verbesserte Erektion bei einem Teil der männlichen Patienten fest. So trat die bekannte wie berüchtigte Potenzpille Viagra zufällig ihren weltweiten Siegeszug an. Daneben sind zwei weitere Mittel auf dem Markt, Tadalafil (Cialis®) und Vardenafil (Levitra®). Diese Phosphodiesterase-Hemmer werden bei psychogener und organisch erektiler Dysfunktion eingesetzt.

Zur Info

Apomorphin ist zur Behandlung der psychogenen erektilen Dysfunktion und der leichteren organischen erektilen Dysfunktion verschreibungspflichtig. Es ist in Tablettenform als Exsense® und Uprima® auf dem Markt.

Achtung: Nebenwirkungen

Für die Behandlung der psychogenen erektilen Dysfunktion hat in neuester Zeit das Apomorphin wieder an Bedeutung gewonnen. Früher als Brechmittel bei Vergiftungen eingesetzt, macht man sich heute bei geringen Dosierungen die erektionsinduzierende Wirkung zu Nutze. Auch hier kann es zu beachtenswerten Nebenwirkungen kommen, an erster Stelle wären – dosisabhängig – Übelkeit und Erbrechen, Schwitzen, Schläfrigkeit bis hin zum Kreislaufkollaps zu nennen. Bei definierten Krankheitsbildern wie beispielsweise Diabetes mellitus oder partieller Querschnittslähmung hat sich die Einnahme der genannten Substanzen zur Behandlung der organischen erektilen Dysfunktion als überaus wirksam erwiesen. Untersuchungen über die Wirksamkeit der Phosphodiesterase-Hemmer sowie des

Apomorphins bei Frauen verliefen jedoch insgesamt gesehen unbefriedigend.

Achtung, Missbrauch!

Verkaufszahlen weisen mehr als deutlich darauf hin, dass mit diesen Medikamenten nicht nur medizinisch klar beschriebene Krankheitsbilder behandelt, sondern dass sie häufig auch als Lifestyle-Droge eingesetzt werden. Vor allem in der gefährlichen Verbindung mit Alkohol, Herz-Kreislauf-Mitteln, Kokain und Schnüffelsubstanzen kann es zu gesundheitsgefährdenden, sogar zu lebensbedrohlichen Zuständen kommen. Naturgemäß verbieten sich hier wissenschaftliche Untersuchungen, aber erfahrungsmedizinisch kann vor jeder Art von Selbstexperimenten hier nur dringend gewarnt werden. So führt das Amylnitrit in den so genannten Poppers zu einer Weitstellung der Gefäße, zu einem massiven Absacken des Blutdrucks und somit zu einem Sauerstoffverlust im Gehirn, welches letztlich den orgiastischen Kick verursacht. In Verbindung mit Phosphodiesterase-Hemmern führt diese tödliche Kombination zum totalen Kreislaufkollaps. ✖

Engl. »to pop« = knallen; gemeint ist das knallende Geräusch beim Brechen der Ampullen.

Unerwünschte Begleiterscheinungen

Etwa 60 Prozent der Anwender sind von den für Phosphodiesterase-Hemmern typischen Störwirkungen betroffen: Kopfschmerzen und Flush (mindestens 10 Prozent), Rhinitis, Schwindel und gastroentestinale Symptome wie Übelkeit und Dyspepsie (bis zu 10 Prozent), Sehstörungen kommen gelegentlich (0,1 bis 1 Prozent) vor, Hypotonie und Synkopen selten (unter 0,1 Prozent). Unter 3.718 Männern, die Vardenafil einnahmen, gab es mindesten fünf Todesfälle, zumeist durch Herzinfarkt. (Nach: arznei-telegramm 4/2003)

Aphrodisiaka – alles, was scharf macht

Auf der Suche nach stimulierenden Substanzen wurde im Verlauf der Geschichte alles geschluckt, geraucht und verrieben, wovon man sich die erwünschte Wirkung erhoffte. Nicht immer mit Erfolg.

Liebesgeheimnisse aus der Natur

Bis heute gibt es eine Reihe von Mitteln, an deren erotisierende Wirkung auf der ganzen Welt geglaubt wird. Casanova stärkte sich z.B. mit Austern und Wein für den Liebesakt, Shakespeare dagegen ging angeblich nichts über die Kartoffel, um sich auf eine Liebesnacht einzustimmen. Die Liste jener Lebensmittel, denen eine aphrodisierende Wirkung zugeschrieben wird, ist lang. Dabei sind nicht allein die Inhaltsstoffe für die Aufnahme in den Kreis der Lustspender verantwortlich. Form und Aussehen, etwa von Spargel oder Pfirsich, regen die Phantasie genauso an wie das Schlürfen einer Auster.

Lust und Liebe – aber natürlich

Die Fülle an aphrodisischen Stoffen aus der Natur ist reichhaltig, und natürlich gibt es wesentlich mehr anregende Substanzen, als hier im Folgenden vorgestellt werden können. Es ist jedoch nicht nur eine Frage der Phantasie, sondern auch eine Frage des Wissens, wie man damit umzugehen hat.

Achten Sie unbedingt auf fachkundige Anleitung – Sie begeben sich sonst unter Umständen in Lebensgefahr!

Nicht selten ist im Verlauf der Geschichte, aber auch in der Gegenwart beim unvorsichtigen und falschen Experimentieren mit aphrodisierenden Substanzen die Gefahr der Vergiftung unterschätzt worden. ✖

Pflanzen

Mutter Natur bot den Menschen schon immer alles, was zum Leben notwendig war. Auf der Suche nach essbaren und medizinisch wirksamen Substanzen ist man immer wieder auf anregende und teils auch berauschende Wirkung mancher Pflanzen gestoßen. Diese Leistungssteigerung und Bewusstseinserweiterung ist auf so genannte Alkaloide zurückzuführen. Das sind Pflanzenstoffe, die Stickstoff enthalten und die in manchen Fällen eine Intensivierung und Steigerung der sexuellen Empfindungen hervorrufen können. Natürlich gibt es auch Pflanzen, die das Liebesleben auf andere Weise positiv beeinflussen. Sie wirken z.B. entspannungsfördernd und begünstigen so die sinnliche Sensibilität. Oder sie kräftigen durch ihren hohen Gehalt an Vitaminen und Mineralstoffen den gesamten Organismus. Manche beeinflussen die Sexualorgane auch indirekt durch ihre harntreibende und durchblutungsfördernde Wirkung.

Alraune

Seit der Antike gilt die seltene Wurzel als wirkungsvolles Aphrodisiakum, das als Tee eingenommen magische Kräfte entfaltet. Die Wurzel enthält hoch wirksame Tropan-Alkaloide, die stark erotisierend wirken können. Eine Überdosierung kann jedoch leicht zum Tod durch Atemlähmung führen. Wie wirkt aber nun die sagenumwobene Wurzel, die angeblich im Dunkeln leuchten kann? Ihre Wirkkraft ist zugleich ihre Zauberkraft. Die getrocknete Wurzel der Alraune wird als Talisman am Körper getragen oder in die Kleidung eingenäht. Auf dieses Weise bietet sie nicht nur Schutz vor bösen Geistern, sie schürt auch die Sehnsucht und führt eine rasche Vereinigung herbei.

Koreanischer Ginseng

Die häufig antropomorphe Wurzel von Ginseng gehört zu den ältesten Heilmitteln auf der ganzen Welt und ist auch heute im gesamten asiatischen Raum eine der wich-

Die leistungssteigernde und vitalisierende Wirkung von Ginseng ist medizinisch unumstritten.

tigsten und gängigsten Heilpflanzen überhaupt. Ihr wird nicht nur eine lebensverlängernde Wirkung nachgesagt, sie wird auch als Mittel gegen Impotenz und Unlust verwendet. Schon Marco Polo berichtete von der anregenden Wirkung der Wurzel,

> **Zur Info**
>
> Um den Satans- oder Hundsapfel, wie die Alraune im Volksmund heißt, rankt sich folgende Legende: Wer auch immer es wagt, ihre Wurzel aus dem Boden zu reißen, wird vom Zorn des darin lebenden Geistes heimgesucht. Das Geschrei des Geistes soll so schrecklich sein, dass der Übeltäter sofort tot umfällt.

und schnell gelangte sie über die Seidenstraße nach Europa. Heute ist Ginseng in Apotheken und Reformhäusern als Tee, Pulver, Tabletten oder Extrakt erhältlich. Seine aphrodisischen Eigenschaften gehen wohl hauptsächlich auf eine Kräftigung des gesamten Organismus zurück.

Ginkgo bilboa

Wer in Japan öffentlich Ginkgosamen isst, macht unmissverständlich deutlich, dass ihm der Sinn nach erotischen Abenteuern steht. Die unreifen Samen des Baumes werden hier gegrillt und sollen vor allem im männlichen Unterleib wahre Wunder der Kraft und Ausdauer bewirken. Die Heilkraft seiner Blattextrakte hat den Ginkgo in der chinesischen Medizin zu großer Bedeutung verholfen. Er wird beispielsweise bei Nervosität, Konzentrationsschwäche und Durchblutungsstörungen eingesetzt.

Senf

Die Samen des Senfkrauts enthalten das leicht toxisch wirkende Senföl. Es reizt die Schleimhäute, soll verbrauchte Kräfte erneuern und sogar die Genitalien verjüngen. Er wirkt darüber hinaus stimmungsaufhellend und sorgt für eine positivere Lebensanschauung. Die Senfkörner wie auch der daraus hergestellte Senf werden schon seit Generationen als potenzförderndes Mittel verwendet. In vielen Klöstern wurde der Verzehr von Senf deshalb sogar untersagt.

Mein Tipp

Ein großes Stück Ginsengwurzel in einen halben Liter hochprozentigen Alkohol (z. B. Reisschnaps) einlegen und fest verschließen. Nach vier Wochen mit etwas Honig süßen und täglich ein Schnapsglas davon trinken. Belebt Körper und auch Geist. Eine Ginsengwurzel kann übrigens bis zu 13 Mal verwendet werden, bevor ihre Kraft verbraucht ist.

Stechapfel

Der Stechapfel kann auf eine bewegte Geschichte als Arzneipflanze, Giftpflanze und Aphrodisiakum zurückblicken. Seine Samen enthalten unter anderem die stark erotisierende Substanz Hyoscyamin, in allen Pflanzenteilen sind hochaktive Tropan-Alkaloide enthalten. In den meisten

Der Wirkstoff Atropin wird auch heutzutage bei der Behandlung von Augenleiden eingesetzt.

Stechapfelsorten befinden sich auch Atropin und Scopolamin – chemische Substanzen, die ein leichtes Überwinden aller

Mein Tipp

Die Liebe beginnt trotz all den Möglichkeiten immer noch im Kopf. Wer den Kopf nicht frei hat für sinnlich-erotische Abenteuer und wer nicht bereit ist, sich auf seinen Partner einzulassen, dem können auch die lustvollsten Versprechungen und kunstvoll hergestellten Liebesmixturen nicht helfen. Aber wie schon ein altes Sprichwort sagt: Liebe geht durch den Magen – und der Glaube versetzt Berge.

Hemmungen bewirken. Die stark aphrodisische Wirkung ist jedoch äußerst risikobehaftet. Die Samen des Stechapfels wirken als Narkotikum und Halluzinogen. Eine Überdosierung kann schon in kleinster Menge schwere gesundheitliche Folgen haben und sogar tödlich wirken.

Tollkirsche

Die »Atropa Belladonna« galt im alten Griechenland als Schwester der Alraune. Das mag an ihren ähnlich stark aphrodisischen und sexuell stimulierenden Eigenschaften liegen. Zweifellos sind sie jedoch beide hochgiftig, und wie bei der Alraune wirken die Alkaloide, die in allen Pflanzenteilen der Tollkirsche enthalten sind, bei einer Überdosierung tödlich. Der schöne Name »Belladonna« geht auf die italienische Renaissance zurück, als man sich den Saft der Tollkirsche in die Augen träufelte, um die Pupillen verführerisch zu weiten. Als Liebesmittel wurde die Tollkirsche auch bei den alten Römern eingesetzt. Es wird von Orgien und Gelagen berichtet, die unter ihrem Einfluss zu wüsten Ausschreitungen gerieten – für einige sogar mit Todesfolge.

Yohimbin

Aus der Rinde des afrikanischen Yohimbinbaumes wird ein Sud hergestellt, der bei afrikanischen Stämmen schon seit Generationen wegen seiner libidofördernden

Wirkung bekannt ist. Bei einigen afrikanischen Stämmen gilt der Rindenextrakt nicht nur als Potenz-, sondern auch als Rauschmittel, das Frauen sexuell verwegen und einfallsreich, Männer hingegen ausdauernd und dynamisch machen soll. Der Yohimbinbaum wurde im 19. Jahrhundert weltweit bekannt und gilt seitdem

Früher trug der Yohimbinbaum auch den Namen »Liebesbaum« oder »Potenzholz«.

als eines der wirksamsten pflanzlichen Aphrodisiaka. Die anregende Wirkung wird hauptsächlich von dem Alkaloid Yohimbin hervorgerufen, das den Blutdruck senkt, die Blutgefäße erweitert und dadurch die Blutzufuhr im Genitalbereich erhöht. Yohimbin hat auch antidepressive und leicht psychedelische Wirkung. ✖

Gewürze

Gewürze waren das Gold des Orients. Schon früh blühte der Handel mit den begehrten Stoffen, und das Wissen um die aphrodisische und heilende Kraft der Gewürze verbreitete sich schnell auf der ganzen Welt.

Zimt, Pfeffer, Nelken und Muskat wurden beispielsweise einst nur wegen ihrer sinnlichen Kräfte nach Europa exportiert. Auch heute noch werden die ursprünglich aus dem Fernen Osten stammenden Geheimnisträger gerne für aphrodisische Mischungen verwendet. Um ihre erotisierende Wirkung zu entfalten, müssen einige von ihnen jedoch in so hohen Konzentrationen eingenommen werden, dass bestimmte alkaloide Inhaltsstoffe recht unangenehme Nebenwirkungen wie Magen- oder Darmreizungen hervorrufen können.

Dringende Warnung!

Auch wenn die Wirkung der hier genannten »Aphrodisiaka« noch so verlockend klingen und »Jedermann« und Jedefrau« sich die anregende Wirkung oder Leistungssteigerung wünscht, sollten die negativen Folgen, die mit der Anwendung der hier genannten Mittel verbunden sind, immer bedacht werden. Das gilt auch für die Drogen und Rauschmittel, deren Lust anregende Wirkung auf den Seiten 93 bis 97 vorgestellt wird.

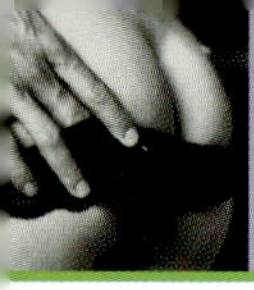

Basilikum

Um das Basilikum ranken sich in südlichen Ländern zahlreiche Zaubersprüche und Mythen. Ging ein Mann z.B. fremd, so streute ihm seine Gemahlin Basilikumpulver über den Körper, während er schlief. Das sollte den Untreuen wieder auf den rechten Weg zurückführen. Alle Basilikumarten enthalten Vitamine, Gerbstoffe und ätherische Öle, denen ein positiver Einfluss auf die körperlichen Sinnesfreuden nachgesagt wird.

Kardamom

Im Orient werden die aromatischen kleinen schwarzen Kardamomsamen auch »Paradiessamen« genannt. Die Pflanze verströmt ein angenehmes Zimtaroma, und man glaubt, dass die Luft des Paradieses vom Duft der Gewürze, von Weihrauch und Blütenessenzen erfüllt sei. Schon in der Antike war die Wirkung des Kardamoms als Heilmittel, Gewürz und Aphrodisiakum geschätzt. Die Samen sind sehr reich an ätherischem Öl, das eine anregende und belebende Wirkung auf den gesamten Organismus hat.

Wein, Kakao oder Kaffee erhalten mit einer Prise Kardamom eine wunderbar orientalische Note.

Gut zu wissen

Die meisten Gewürzarten enthalten einen hohen Anteil an ätherischen Ölen. Ätherische Öle setzen sich aus verschiedenen chemischen Stoffen zusammen, von denen einige im Körper in amphetaminähnliche Metabolite umgewandelt werden. Diese scheinen eine überaus stimulierende Wirkung zu haben und können manchmal sogar Rauschzustände hervorrufen.

Pfeffer

Pfeffer ist uns heute als Küchengewürz so vertraut, dass wir seine große Bedeutung als Handelsware fast schon vergessen haben. Dabei wurde Pfeffer als exotisches Aphrodisiakum einst mit reinem Gold aufgewogen. Die kleinen Pfefferkörner enthalten das Alkaloid Piperin, das mit seiner Schärfe die Schleimhäute reizt. Diese Durchblutungsförderung auch des Genitalbereichs kann zu einem gesteigerten Liebesverlangen führen und dabei sexuelle Empfindungen hervorrufen.

Rosmarin

Der aromatische Duft des Rosmarins stärkt nicht nur die Nerven, angeblich setzt er auch geheime erotische Phantasien frei. Rosmarin enthält ätherische Öle, die

Mein Tipp

Sud für die Liebe: Je eine Hand voll Rosmarin, Zimtstangen und Melisse im zugedeckten Topf 10 Minuten kochen. Den Sud durch ein Sieb gießen und in das Badewasser geben. Achtung: Nicht mit Seife mischen, um die sinnliche Wirkung nicht zu verwaschen.

den Kreislauf anregen, die Durchblutung fördern und die Sensibilität der Haut steigern. Die tannennadelähnlichen kleinen Blätter werden deshalb gerne als anregender Badezusatz verwendet, weil sich im heißen Wasser ihre aphrodisische Wirkung besonders gut entfalten kann und sie außerdem für eine samtig-weiche und sinnlich-prickelnde Haut sorgen. Auch als Gewürz kann Rosmarin Sympathien füreinander schaffen. Doch Vorsicht! In größeren Mengen fördert er die Verdauung.

Zimt

Zimt gehört mit zu den ältesten bekannten Aphrodisiaka. Alle Teile der Pflanze verströmen den typischen Duft nach Zimt. Man verwendet neben der getrockneten Rinde des Zimtbaumes gerne auch ein anregendes Öl, das aus seinen Blättern und Zweigen gewonnen wird. Das Öl auf den Genitalien verstrichen, verheißt erotische Stimulation und Sinnesfreuden. Es heißt, dass Bäder mit Zimtzusatz die sinnlichen Seiten der Frauen zum Vorschein bringen und ihre Verführungskünste steigern. Es ist aber auch ein bewährtes Heilmittel gegen Erkältungskrankheiten.

Ingwer

Ingwer hat nicht nur einen guten Ruf als Heilpflanze. Gemäß der asiatischen Heilkunst bringt er das Feuer in den Körper, und diese Hitze macht auch vor den Sexualorganen nicht halt. Die im Ingwer enthaltenen Substanzen wirken anregend und allgemein stimulierend. Kluge Frauen mischen im Sommer kühle Milch mit Sahne, Zucker und einer starken Prise Ingwer. Kommt der müde Gatte abends nach Hause, belebt diese kühle Liebesgabe seine dankbaren Geister, und schnell wird er seine Aufmerksamkeit auf seine Frau konzentrieren. ✖

Was andere Nahrungsmittel bewirken

Neben den Pflanzen und Gewürzen gibt es natürlich auch andere kulinarische Möglichkeiten, um die Erotik zu nähren. In vielen Lebensmitteln schlummern verborgene Talente, die nur darauf warten, richtig zum sinnlichen Einsatz gebracht zu werden.

Austern

Austern gehören nicht nur zu den beliebtesten Delikatessen, sondern auch zu den bekanntesten aphrodisischen Nahrungsmitteln. Das Geheimnis der Auster liegt im hohen Zinkgehalt der Muschel. Wer also unter Zinkmangel leidet, kann an Potenz und sexueller Vitalität einbüßen. Allein das Essen der Austern ist schon ein sinnliches Ereignis für sich – beim frivolen Schürfen und Schlucken sind dem Raum für delikate Phantasien keinerlei Grenzen gesetzt.

Casanova bezeichnete die Auster als »Ansporn für den Geist und die Liebe« ... und der wusste wohl, wovon er sprach.

Honig

In vielen Teilen der Welt ist Honig ein sehr wichtiger Bestandteil vieler aphrodisischer Mischungen. Naturhonig ist besonders nahrhaft und reichlich mit Mineralien, Aminosäuren, Vitamin B und Enzymen versehen. Die aphrodisische Wirkung besonders des wilden Honigs ist schon seit Generationen überliefert. Alte Sagen berichten von Frauen, die nach dem Genuss des süßen Nektars richtiggehend mannstoll geworden sein sollen. Wilder Honig wurde noch vor 100 bis 200 Jahren gegen männliche Impotenz eingesetzt und wegen seiner wertvollen Inhaltsstoffe auch erfolgreich bei allzu früher Altersschwäche verwendet.

Pfirsich

Der Legende nach wurde der Pfirsichbaum einst gepflanzt, um Venus persönlich zu erfreuen. In China und Indien war der süße Pfirsichsaft Symbol für die weiblichen Liebessäfte, und ihr bepelzter Einschnitt wurde zu einem Sinnbild für das weibliche Geschlecht. Aphrodisisch sind am Pfirsich wohl am ehesten seine sinnlich runden Formen und seine samtige Haut.

Im alten England hieß ein Bordell mit jungen Prostituierten übrigens »Peach house« (Pfirsichhaus).

An Inhaltsstoffen anregend sind in erster Linie die vielen und reichhaltigen Vitamine. Sie wirken vitalisierend und stärken Gesundheit und Wohlbefinden.

Sellerie

Eigentlich sieht diese gesunde Gartenpflanze, die zur Gattung der Doldengewächse gehört, recht harmlos und unschuldig aus. Doch Sellerie stärkt die Manneskraft, und das erklärt, warum sich Selleriesuppe besonders bei Männern einer so großen Beliebtheit erfreut. Überall auf der Welt glaubt man fest an die potenzverstärkende Wirkung der Pflanze. Neben den vielen Vitaminen und Mineralstoffen, die sie seit vielen Jahren zum gesundheitsfördernden Wundermittel gemacht haben, ist es die im Selleriesaft enthaltene Substanz Butylphthalid, die eine sehr entspannende und beruhigende Wirkung auf das menschliche Gefühlsempfinden hat. Außerdem enthält Sellerie dem Körperschweiß ähnliche Pheromone, die auf Männer und Frauen gleichermaßen eine anziehende Wirkung haben.

Spargel

Spargel regt die Nierentätigkeit an, fördert die Harnausscheidung und verfügt über

Cantharidin oder die »spanische Fliege«

Die spanische Fliege, die eigentlich ein Käfer ist, war schon bei den alten Römern als Liebesmittel in Gebrauch und ist durchaus nicht ungefährlich. Sie ist das bekannteste Aphrodisiakum überhaupt, wenn auch nicht das effektivste. Bei der spanischen Fliege handelt es sich um einen Ölkäfer (Lytta vesicatoria) aus Kleinasien, Südeuropa und Nordafrika, dessen getrocknete Flügel pulverisiert werden. Nicht nur in der Vergangenheit schworen unzählige Frauen und Männer auf dieses Mittel. Doch oft wurden die Erwartungen negativ übertroffen, und anstelle von exstatischen Liebeswonnen brachte die Einnahme Krankheit und Tod. Bereits eine minimale Überdosierung kann zu Krämpfen, Lähmungen, Nierenversagen und schweren Halluzinationen führen.

blutreinigende Wirkung. Er verfügt über viele Vitamine und Mineralstoffe, die sich positiv auf das Energieniveau des Organismus auswirken. Im Frühjahr treibt der Wurzelstock des Spargels fingerdicke, weiße Sprossen, die sich phallusartig aus der Erde schieben. Spargel soll weibliche Unlust und ihr Desinteresse vertreiben und erotische Neigungen in echte Leidenschaft verwandeln.

Trüffel

Trüffel sind reich an Proteinen und Mineralstoffen, doch ist es wohl eher ihre geheimnisvolle Herkunft aus dem Schoß der dunklen Erde, die Mühsal ihrer Ernte und der markante Geschmack, welche die Begehrlichkeit von Frauen und Männern anstacheln. Die begehrte Knolle enthält jedoch immerhin das Pheromon Androstenol, das in seinem Geruch an Schweiß erinnert und auf das Menschen und Schweine gleichermaßen reagieren. Jetzt wissen Sie auch, warum für die erfolgreiche Trüffelsuche gerne Schweinedamen eingesetzt werden. Die Damen erwarten eigentlich einen Eber hinter dem Geruch und folgen nur ihrem sinnlichen Begehren. Da auch im menschlichen Schweiß Androstenol enthalten ist, zeigt das Trüffelaroma vor allem bei Männern seine anregende Wirkung.

Zur Info

»Wer Trüffel liebt, liebt gut«, so sagt ein altes französisches Sprichwort. Mit dem »Juwel der nackten Erde« hielt sich schon Madame Pompadour in erotischer Bestform, damit sie nicht nur ihrem Franzosenkönig, sondern auch jedem ihrer zahlreichen Liebhaber gerecht werden konnte. Der Marquis de Sade war, ebenso wie Napoleon I., Ludwig XIX. und George Sand, fest von der aphrodisischen Wirkung der Trüffel überzeugt.

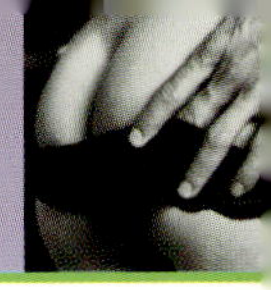

Die Gefahr der Liebesdrogen Alkohol & Co.

Man kennt das: das beruhigende Gefühl der Zigarette bei Stress oder die Wirkung des Gläschens Wein in anregender Runde. Potenziell suchtgefährdend oder Stimulans für mehr Lebensqualität?

Von Risiken und Nebenwirkungen

Drogen sind laut Duden nichts anderes als Substanzen pflanzlichen, tierischen oder auch mineralischen Ursprungs, die zur Herstellung von Heilmitteln, Stimulanzien oder Gewürzen verwendet werden. In so mancher Pflanze, so manchem Gewürz stecken jedoch Inhaltsstoffe, die bewusstseinserweiternde, rauschartige Zustände hervorrufen können.

Gesellschaftsdrogen

In Deutschland gilt in erster Linie das als Droge, was als Rauschmittel unter das Betäubungsmittelgesetz fällt. Das sind also alle psychisch wirksamen Substanzen, deren Einnahme das Risiko einer körperlichen oder auch psychischen Abhängigkeit birgt. Hierzu gehören Psychopharmaka, Schnüffelsubstanzen und natürlich auch so genannte harte Drogen wie Heroin oder Kokain. Genauso gefährlich sind aber auch Nikotin und Alkohol, die zwar legal erhältlich sind, laut Definition jedoch ebenfalls unter das Betäubungsmittelgesetz fallen müssten, weil auch von ihnen eine starke Suchtgefährdung ausgeht. ✖

Opium – die Lust am Rausch

So dramatisch der Drogenmissbrauch in unserer Zeit geworden ist, so wenig ist er aus der Geschichte und wahrscheinlich auch zukünftig wegzudenken. Geändert haben dürften sich nur die Motive für die Einnahme von Rauschmitteln. Wenn heute in erster Linie gesellschaftliche und gesellschaftspolitische Probleme viele

Opium stand im alten China für Erotik und Sexualität.

Menschen in die Abhängigkeit führen, kann man in den alten Epochen durchaus von einer Lust am Rausch sprechen.

Teurer Rausch

Legale Drogen sorgen jährlich für eine alarmierende Anzahl an Todesfällen. An den Folgen eines Alkoholmissbrauchs sterben in Deutschland etwa 42.000 Menschen pro Jahr, und etwa 117.000 Menschen bringt das Rauchen ins vorzeitige Grab. Dagegen kosten die illegalen Drogen »nur« etwa 2.000 Menschen das Leben. Die Kosten für unser Gesundheitswesen, die aufgrund dieser Krankheiten entstehen, sind exorbitant. Der Alkoholmissbrauch kostet uns pro Jahr 17 Milliarden Euro, Raucherlungen etc. schlagen mit 42 Milliarden zu Buche, und alle sonstigen Kosten, die durch Drogenmissbrauch entstehen, belaufen sich auf etwa 13 Milliarden Euro.

Opiumhöhlen in Europa

Im 19. Jahrhundert war das Rauchen von Opium üblich, und zwar nicht nur in fernöstlichen Ländern, wo der Mohn und das daraus gewonnene Opium schon seit Jahrtausenden als Heilmittel und starkes Aphrodisiakum bekannt war. London galt als Zentrum des Opium- und Haschischgenusses, und das Rauchen von Opiaten war sogar weiter verbreitet als der Genuss von Alkohol. Die »Pflanze der Freude«, wie man sie im Volksmund nannte, wurde in Asien in Etablissements geraucht, die nicht nur eine Berauschung der Sinne, sondern auch erotischen Hochgenuss versprachen. Das Opium hat jedoch nur die gewünschte Wirkung, wenn es gegessen wird. Dann schärft es den Geist und steigert die erotische Phantasie und Sinnlichkeit. Der Opiumrauch dagegen macht aufgrund seines höheren Anteils an Morphin eher ruhig. ✖

Alkohol und Cannabis

Im Optimalfall ist es eine positive Wirkung, die Alkohol in Maßen auszulösen vermag. Er entspannt, lockert die Stimmung und wirkt anregend auf Libido und Phantasie. Insgesamt kommt es jedoch deutlich auf die Menge an, denn grundsätzlich hat Alkohol eher eine dämpfende Wirkung und verlangsamt Prozesse, die für den Sex notwendig sind. Entsteht unter geringem Alkoholeinfluss ein Gefühl der Luststeigerung und sexuellen Enthemmung, nimmt die Lust bei Frauen ab, je

mehr Alkohol sie trinken. Das ist darauf zurückzuführen, dass die Durchblutung der weiblichen Genitalien nachlässt. Auch die Orgasmusfähigkeit nimmt ab. Bei

Ob Alkohol das sexuelle Empfinden tatsächlich verbessert, ist zweifelhaft. Sicher ist jedoch, dass er die Bereitschaft zum Sex erhöht.

Männern reduziert sich bei regelmäßigem Alkoholkonsum die Anzahl der Spermien. Auch müssen sie mit einem Verlust der Libido rechnen und mit sogar irreparablen Schäden hinsichtlich ihrer Erektions- und Ejakulationsfähigkeit.

Gras, Dope, Hemp – alles ein und dasselbe

»Am Morgen ein Joint, und der Tag ist dein Freund.« Auch die Blumenkinder der 1960er und 1970er Jahre wussten, wovon sie sprachen, waren Haschisch und Marihuana doch die am weitesten verbreiteten Drogen dieser Zeit. Haschisch wird aus dem Harz der Blüten weiblicher Pflanzen gewonnen, die blattlosen Blütenstände werden als Marihuana geraucht. Cannabis oder Hanf gehört sicher zu den ältesten Kulturpflanzen und -gütern der Menschen. In fernöstlichen Kulturen wurde die mit Mythen umrankte Pflanze über Jahrhunderte hinweg als Heiligtum verehrt und als Nutz-, Heil- und Liebes-

pflanze verwendet. Es regt die Phantasie an und sensibilisiert das Bewusstsein, nicht nur für sexuelle Reize und Stimulationen. Wie Alkohol und Opium vermindert es aber in hohen Dosen die Empfindungsfähigkeit, und die enthaltenen Cannabinole brauchen bis zu acht Tage, um im Körper vollständig abgebaut zu werden. Die Wirkung der Droge zeigt sich in einer euphorischen Stimmung, jedoch ist der Antrieb reduziert. Konzentrations- und Gedächtnisstörungen sind deutlich erkennbar. Bei einem Dauerkonsum sind langfristig Schäden der Leber und des zentralen Nervensystems zu befürchten. ✖

Harte Drogen

Die Gefahr, die von illegalen oder harten Drogen ausgeht, muss nicht extra betont werden. Dennoch gehören sie in die Reihe der Aphrodisiaka und sollen deshalb an dieser Stelle auch erwähnt werden.

Die Szenedroge

Die durch die Techno-Szene populär gewordene Droge MDMA (Methylendioxymetamphetamin), besser bekannt unter dem Namen Ecstasy, wurde bis ins Jahr 1985 als Antidepressivum und zur Behandlung von Libidoverlust eingesetzt. Seit 1996 unterliegen die Substanzen nun dem Betäubungsmittelgesetz. Ecstasy erweitert das Bewusstsein, fördert die Kommunikationsfähigkeit, baut Hemmungen ab und versetzt den Körper in einen Zustand von Euphorie und Aktivität, der die Wahrnehmung von Müdigkeit und Erschöpfung verhindert. Nach diversen durchfeierten Nächten ohne ausreichend Flüssigkeit und Möglichkeiten zur körperlichen Regeneration kann es als kurzfristige Folge zum Kreislaufzusammenbruch kommen. Auf lange Sicht löst der Konsum von Ecstasy gravierende Gesundheitsschäden aus. Neben der Beeinträchtigung von Leber-, Gehirn- und Herzfunktionen führt die längerfristige Einnahme der Droge zum Absterben von Körpergewebe.

Die Wohlstandsdroge

Genauso gefährlich, aber doch wesentlich kostspieliger, ist das Kokain, das gegen Ende des 19. Jahrhunderts in Künstler- und Intellektuellenkreisen in ganz Europa wegen seiner euphorisierenden und antriebssteigernden Wirkung zur Mode wurde.

Als Wohlstands- und Arbeitsdroge erlebte die Droge in den 1980er Jahren eine Renaissance. In der Welt der Schönen und (Erfolg-)Reichen gehörte und gehört es in manchen Kreisen auch heute fast zum guten Ton, »eine Linie zu ziehen«. Unter dem Einfluss von Kokain entstehen starke Euphorie, Unruhe und Erregung. Die Müdigkeit nimmt ab, Aufnahme- und Leistungsfähigkeit steigen an. Kokain beflügelt die Phantasie und steigert die Kreativität. Einher geht mit dem Kokainrausch eine grandiose Selbstüberschätzung, die schon zu künstlerischer Genialität, aber häufig auch zu dramatischen Unfällen geführt hat.

Zur Info

Um 1900 gab es etwa 100 Getränke auf dem Markt, die Kokain enthielten. Sie wurden gegen Krankheiten wie Schmerzen, Kreislaufprobleme, Heuschnupfen, Asthma etc. eingesetzt. Heute noch berühmt ist Coca-Cola®, das die Substanz seit 1903 jedoch nicht mehr enthält.

Die Flower-Power-Droge

Die Kultdroge des psychedelischen Ära ist das Lysergsäurediethylamid, kurz LSD genannt, das 1943 in einem Selbstversuch eher unabsichtlich entdeckt wurde. LSD gehört zu den Halluzinogenen, das seine starke aphrodisische Wirkung nur dann entfaltet, wenn die gesamte Situation und die äußeren Umstände auch auf ein sinnliches Erleben ausgerichtet sind.

Unter dem Einfluss von LSD wird das Gehirn auf fast übernatürliche Weise aufnahmebereit, und es ist möglich, bestimmte Dinge zu sehen, zu hören oder zu schmecken, die im Normalfall außerhalb des menschlichen Wahrnehmungsspektrums liegen. Körper und Geist scheinen sich voneinander zu lösen, und das Gefühl für Raum und Zeit geht verloren. Die auftretenden Halluzinationen verstärken das sinnliche Empfinden. Das wirkt sich natürlich auch auf die Sexualität aus, die Berichten zufolge unter der Einwirkung von LSD als unvergleichlicher Rausch der Sinne erlebt werden kann. Das Auftreten negativer Wahnvorstellungen stellt jedoch eine äußerst ernst zu nehmende Suizidgefahr dar. ✖

Lust auf Sinnlichkeit

Wenn man den Medien Glauben schenken darf, dann hat jeder von uns drei- bis viermal pro Woche lustvollen Sex, Frauen sind selbstverständlich zu multiplen Orgasmen fähig, und Männer können immer und überall. Doch das, was wir zum Thema Sex präsentiert bekommen, hat wie so oft in der Medienlandschaft nicht viel mit der Realität zu tun.

Dabei hilft vielen Paaren schon das Bewusstsein, dass es durchaus normal ist, vielleicht nur alle vier Wochen Sex zu haben. Auch müssen manche Menschen erst lernen, dass man keinem Schönheitsideal entsprechen muss, um guten Sex zu haben, dass Erotik nicht immer zum Geschlechtsverkehr führen muss und dass es durchaus befriedigenden Sex ohne Orgasmus geben kann. In vielen Fällen sind es also die leistungsorientierten Mythen, die das Liebesleben komplizierter machen, als es eigentlich sein müsste.

Wenn es darum geht, die Phantasie anzuregen, dann ist unsere Vorstellungskraft immer noch unser größtes Kapital in Sachen Erotik. Meistens entstehen Phantasien, wenn ein bestimmter Reiz den Prozess der Imagination auslöst. Und was das alles sein kann, wissen Sie selbst am besten!

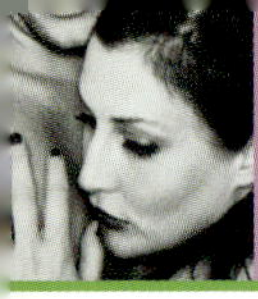

Die Versinnlichung der Lust

Viele Menschen wissen kaum etwas über ihre eigene Sexualität und ihre sexuellen Bedürfnisse. Sex und Erotik sind zum ständigen Gesellschaftsthema geworden und haben dadurch weitgehend ihren Zauber verloren.

Sex hat eine große Bedeutung in unserer Gesellschaft, und guter Sex gehört nach außen hin zu einem erfolgreichen Leben ebenso wie Auto, Haus und Skiurlaub dazu. Diese hohen Ansprüche und großen Erwartungen sind es jedoch in viele Fällen, die der Liebe die Spontaneität nehmen, die Erotik und die Sinnlichkeit. Einfach alles haben wir schon einmal gesehen oder gehört, die sexuellen Reize müssen immer stärker werden, um in uns eine Reaktion hervorzurufen. Wenn dann noch persönlicher Stress, Alltagsprobleme und Langeweile dazukommen, bleibt eines garantiert auf der Strecke: die Sensibilität für die Sinnlichkeit. ✖

Die Überflutung mit sexuellen Reizen, denen wir fast immer und überall ausgesetzt sind, nehmen dem sex die spannung.

Die Erotik der Liebe

Sinnlichkeit ist die Fähigkeit des Menschen, emotionale Signale mit allen Sinnen wahrzunehmen. Sinnlichkeit heißt natürlich auch, emotionale Signale auszusenden und dadurch die Sinne eines anderen Menschen anzusprechen. Das gilt vor allem für alles, was mit Sex und Erotik zu tun hat. Diese Fähigkeit kann man nicht in einem Wochenendseminar lernen. Dazu gehört zuerst einmal das Bewusstsein, dass Sexualität aus mehr besteht als nur dem rein körperlichen Akt. Dazu gehören Phantasie und die Bereitschaft, sich Zeit zu nehmen um sich auf den Partner einzulassen.

Der Klang der Sinnlichkeit

So wenig, wie in einem Konzert nur der letzte Satz einer Symphonie oder der letzte Akt einer Oper zu hören sind, so wenig besteht das Repertoire unseres Orchesters der Lust nur aus dem körperlichen Akt der Liebe. Niemand braucht zu glauben, dass

er das ganze Musikstück kennt, sobald er ein paar Noten davon gehört hat. Und niemand kann die reichhaltigen Facetten der Erotik und Sexualität erleben, wenn sein Ziel immer nur ein schneller Orgasmus ist. Wenn Sie das Stück wirklich genießen wollen, müssen Sie das Orchester auch das ganze Stück spielen lassen. Das Vergnügen des Zuhörens und Erlebens steigert sich dann bis hin zum Grande Finale. ✖

Erotische Phantasien – das Salz in der Suppe

Sinnlichkeit hat also mit all unseren Sinnen zu tun, und es gibt eine ganze Reihe von Dingen, die zu einer sinnlichen Erfahrung beitragen können. Hierzu gehören schöne Musik, anregende Düfte, delikater Geschmack, sinnliche Bilder und prickelnde Gefühle. Sinnlichkeit hat jedoch noch eine weitere Dimension: die eigene Phantasie nämlich.

Hemmungslos phantasieren

In unserer Phantasie sind unseren Sehnsüchten und Vorstellungen keine Grenzen gesetzt. All das wird wahr, was wir uns in der Realität verbieten. Unser Körper reagiert auf den realen Reiz und die bloße Vorstellung recht ähnlich. Wenn wir nachts aufwachen und uns einbilden, dass ein Ein-

Männer sind beim Sex hauptsächlich auf den Unterleib fixiert. Die wichtigste erogene Zone der Frauen dagegen ist das Gehirn.

brecher im Haus ist, reagieren wir mit dem gleichen Adrenalinstoß, als wenn dem tatsächlich so ist. Erotische Phantasien können gleiche Reaktionen auslösen und einen langweiligen Akt interessant machen – oder einen guten eben noch besser. ✖

Wer denkt schon an Sex?

Eine der größten Untersuchungen zum Thema Sexualität, »Sexwende. Liebe in den 90ern. Ein Report«, bringt es an den Tag: 54 Prozent der Männer denken täglich oder sogar mehrmals täglich an Sex. 43 Prozent machen sich immerhin mehrmals im Monat erotische Gedanken. Frauen haben da andere Schwerpunkte. Nur 19 Prozent denken demnach täglich über Sex nach, 67 Prozent aber mehrmals pro Woche oder Monat.

Die neue
Lust an der Lust

In sämtlichen Bereichen der Sexualität ist es besonders wichtig, sich rundum wohl zu fühlen, um Liebe und Sinnlichkeit wirklich entspannt und lustvoll erleben zu können.

Wichtige Voraussetzung: sich wohl fühlen

Ganz egal, welche natürlichen oder auch chemischen Mittel wir bemühen, um unserer Lust auf die Sprünge zu helfen: Ohne die innere Bereitschaft, sich auf die eigene Sinnlichkeit einzulassen und die eigene Sexualität tatsächlich zu erleben, nützt auch das wirksamste Liebesmittel nichts. Viele Paare machen immer wieder den Fehler, die Bedürfnisse des anderen über die eigenen zu stellen. Auch wenn diese Hingabe bestimmt in Maßen zu jeder Partnerschaft gehört, ist es doch wichtig, die eigenen Wünsche zu artikulieren.

Wer in Harmonie mit sich selbst und dem Partner liebt, bringt beste Voraussetzungen mit für ein erfüllendes und befriedigendes Liebesleben.

Die Liebe zu sich selbst und dem eigenen Körper

Die Grundlage für das persönliche Wohlempfinden ist das Verhältnis eines Menschen zu seinem Körper und seiner Seele. Wie Sie sich selbst wahr- und annehmen, spielt eine entscheidende Rolle bei der Sinnlichkeit. Wer sich selbst ablehnt, wird nur schwer die wirkliche Tiefe der Empfindungen erfahren. Denn niemand kann erwarten, dass ihm der eigene Körper auf Dauer Freude bereitet, wenn er ihn nicht mit Wertschätzung behandelt. Außerdem: Wer bitteschön ist schon wirklich perfekt? ✖

Die Lust am Wohlbefinden

Der Psychotherapeut und Gynäkologe Dr. Jacob Derbolowsky hat auf der Grundlage der Psychpädie das so genannte Tropho-Training entwickelt. Es handelt

Auf das Feeling kommt es an

Sie müssen wirklich nicht über körperliche Idealmaße verfügen, um guten und sinnlichen Sex zu haben. Wenn Sie befürchten, Ihr Partner könnte Sie wegen vermeintlicher körperlicher Mängel weniger begehrenswert und attraktiv finden, dann hat das aber natürlich Auswirkungen auf den Sex. Wer immer daran denkt, sich so vorteilhaft wie nur möglich zu zeigen, wird dabei unweigerlich die eigene Hingabe und Lust vergessen. Dabei ist eine perfekte Figur noch lange kein Garant für eine erotische Ausstrahlung. Es ist vielmehr eine Frage des Selbstbewusstseins, der eigenen Sinnlichkeit und des Wohlfühlens.

sich hierbei um ein leicht erlernbares Konzentrationstraining, das die eigene Körperwahrnehmung verbessert und dadurch zu mehr Gelassenheit und damit auch zu mehr Wohlbefinden verhilft.

Wann fühlen Sie sich wirklich wohl?

Warum sind wir manchmal so zufrieden mit uns und manchmal eben überhaupt nicht? Wie wird unser Wohlbefinden von äußeren Faktoren beeinflusst? Und, ganz wichtig, hat dieses wohlig-zufriedene Gefühl auch Auswirkungen auf unser Liebesleben?

Nehmen Sie sich einmal ein paar Minuten Zeit und denken Sie darüber nach, wann es Ihnen richtig gut geht. Wann fühlen Sie sich im wahrsten Sinne des Wortes »wohl in Ihrer Haut«?

Interview mit Dr. Jacob Derbolowsky, Leiter der Privatakademie für Psychopädie, Germering

1. Wie kann man »Wohlfühlen« verstehen? Gibt es Unterschiede auf körperlicher und auf psychologischer Ebene?

Derbolowsky: Ein Mensch fühlt sich dann wohl, wenn er keine Mangelgefühle hat. Wenn Geben und Nehmen, wenn Anspannung und Entspannung sich ausbalanciert auf gleicher Höhe die Waage halten, dann tritt ein Wohlgefühl auf, das verbunden ist mit dem Wunsch, dass alles möglichst lange auch so bleiben soll. Wir sprechen dann auch von Eutonie bzw. von Homöostase. Die gilt sowohl in Bezug auf die körperlich-materiellen Gegebenheiten wie für die Gegebenheiten im Umgang mit sich, dem Nächsten und Gott und der Welt, kurz, dem seelischen Bereich. Allerdings

ist generelles Wohlfühlen als Ausdruck von Wunschlosigkeit kein Zustand, der dem Menschen gut tut bzw. als gesund angesehen werden kann. Ohne Bedürfnisdruck ist der Mensch nicht mehr aktiv.

2. Fühlen sich Frauen anders wohl als Männer?
Derbolowsky: Da bei Frauen hormonell bedingt mehr weibliche Funktionen aktiviert sind und bei Männern mehr männliche Funktionen, kann die Frage nur mit Ja beantwortet werden. Diese Funktionen stehen sich polar gegenüber. Weibliche Funktionen haben körperlich betrachtet Sog- und männliche Funktionen Schubcharakter. So erfährt Sog den Ausgleich durch Erfüllung und Schub durch Geborgenheit. Anders ausgedrückt: Die weiblichen Funktionen zielen nach innen, die männlichen nach außen. Dieser Unterschied zeigt sich übrigens optisch auch an den Genitalien. Im Alltag sind diese Unterschiede nicht so leicht zu erkennen, weil Frauen auch über männliche Funktionsmöglichkeiten verfügen (in ihrem Organismus sind ja auch »männliche« Hormone vorhanden) und Männer ebenso über weibliche. Für das, was das Wohlfühlen dann ausmacht, kommt es darauf an, in welcher Quantität die männlichen bzw. weiblichen Funktionen aktiviert sind.

3. Geht es uns automatisch auch physisch gut, wenn wir uns wohl fühlen?
Derbolowsky: Wir empfinden das vermutlich so. Nur muss es nicht so sein. Glücklicherweise ist Wohlfühlen kein Dauerzustand, sondern muss im Lauf des Lebens immer wieder aufs Neue errungen werden. Es entstehen ständig Dysbalancen, die nach neuem Ausgleich drängen. Ein Mensch, der sich beispielsweise sexuell gerade ausgeglichen fühlt, hat zu diesem Zeitpunkt keine sexuellen Bedürfnisse. Es ist der Mangel, der zur Aktivität führt, und Wohlfühlen enthält keinen Mangel.

4. Haben wir mehr Lust auf Sex, wenn wir uns wohl fühlen?
Derbolowsky: Auch wenn es vielleicht überraschen mag: Nein. Aber wenn wir uns nicht wohl fühlen, uns beispielsweise langweilen, kann ein verstärktes Bedürfnis nach Sexualität auftreten.

5. Warum hat die Sinnlichkeit keine Chance, wenn wir uns nicht wohl fühlen?
Derbolowsky: Es gibt bei den Bedrängnissen bzw. den lebensnotwendigen Bedürfnissen eine hierarchische Staffelung. Wenn wir

beispielsweise sehr durstig sind, dann steht die Befriedigung dieses Bedürfnisses ganz im Vordergrund und natürlich auch vor allen sexuellen Bedürfnissen. Man könnte hier von einer Bedürfnispyramide sprechen. Erst wenn die überlebensnotwendige Bedürfnislage einigermaßen ausgeglichen ist, kommt die Sinnlichkeit zu ihrem Recht.

6. Warum hat guter Sex so starken Einfluss auf unser Wohlbefinden?
Derbolowsky: Hier stellt sich zunächst die Frage, was guter Sex ist. Das wird vermutlich von jedem anders empfunden. Wenn wir aber davon ausgehen, dass Sex mit einem Orgasmus bzw. starker Muskelanspannung einhergeht, die sich dann schlagartig im Orgasmus löst, entsteht ein wohliges Gefühl von Entspannung und Lockerheit der Muskulatur und auch seelisch ein Einheitsgefühl (weiblich) bzw. ein Geborgenheitsgefühl (männlich).

7. Gibt es irgendwelche Sperren, die die Lust verhindern?
Derbolowsky: Selbstverständlich. Dazu gehören verinnerlichte Wertesysteme und ethische Normen einer jeweiligen Gesellschaft einschließlich religiöser Glaubensinhalte. Ebenso gehören auch anerzogene Gehemmtheiten dazu, die zu Verklemmungen führen und wirkliche Bedürfnisbefriedigung verhindern.

8. Gibt es Methoden, Anweisungen, Training für Sensitivität?
Derbolowsky: Sogar zahlreich. Besonders aus dem asiatischen Raum. Dabei werden Wahrnehmungsorgane wie beispielsweise die Haut durch Übungen in ihrer Sensibilität aktiviert. Es geht darum, ein Bewusstsein für den Körper zu schaffen. Auch das Tropho-Training kann hier sehr gut helfen. Die mit dem Tropho-Training zu erreichende Gelassenheit ermöglicht natürlich auch eine bessere Sexualität. Denn das rasche Ablassen eines starken Überdrucks ist zwar manchmal beglückend und befreiend, wie im indischen Schrifttum immer wieder betont wird. Das, was wir mit Sinnlichkeit und ganzheitlichem Glück meinen, erleben wir jedoch erst in der gelassen ausgelebten Sexualität. ✖

Gut zu wissen !

Sex macht eben doch glücklich. Beim Liebesakt wird eine Flut von Wohlfühlhormonen ausgeschüttet, die für stimmungsmäßige Höhenflüge sorgen. Das lässt sich sogar wissenschaftlich nachweisen. Internationale Studien belegen, dass Menschen mit einem befriedigenden Liebesleben weniger häufig unter Depressionen leiden, dafür ausgeglichener, toleranter und zufriedener sind.

Die fünf Sinne der Erotik

Liebe und Sinnlichkeit sind untrennbar mit unseren fünf Sinnen verbunden, mit dem Sehen, Hören, Fühlen, Riechen und Schmecken. Und nichts weckt mehr Lust, als den Partner mit allen Sinnen zu entdecken.

Balsam für die Seele

Es gibt wohl kaum etwas, was eine intensivere Bindung zwischen zwei Menschen schafft, wie der Liebesakt. Zwar ist Sex nicht alles, was eine Beziehung ausmacht, er ist jedoch ein wichtiger Bestandteil. Beziehungen, die über kein nennenswertes Liebesleben mehr verfügen, sind meistens auch emotional in einer Sackgasse gelandet, und der Irrglaube, man könne auch ohne Sex eine glückliche Beziehung führen – seien wir mal ehrlich, vorstellen können sich das doch die wenigsten, oder?

Wecken Sie Ihre Sex-Sinne

Manchmal ist es jedoch im täglichen Einerlei schwer, die sinnlichen Flammen der Erotik am Leben zu erhalten. Irgendwann beginnt der Sex mehr und mehr in den Hintergrund zu rücken. Doch deswegen muss es noch lange nicht vorbei sein mit dem sinnlichen Erleben. Jeder unserer fünf Sinne kann auf seine eigene Art und Weise stimuliert werden und uns dadurch neue Pforten öffnen in die Welt der Sinnlichkeit und Erotik. ✖

Sehen – das Auge »isst« mit

Die amerikanische Kultautorin und Kulturkritikerin Camille Paglia hat dazu folgende Meinung: »Pornographie ist eine Kunstform, die uns uneingeschränkten Zugang zur menschlichen Phantasie gestattet.« Es kommt eben nur darauf an, auf welche Weise Sexualität und Erotik dargestellt werden. Egal, ob Gemälde, Fotografie, Skulptur, Film, Literatur oder Gedicht – alles, was einen Aspekt der Sexualität enthält, kann grundsätzlich erotisch sein.

Aktfotografie

Haben Sie schon einmal zu zweit in einem erotischen Bildband geblättert, sich von den Fotos inspirieren lassen? Auch wenn

viele Bildbände vielleicht nicht von höchster künstlerischer Bedeutung sind, bieten sie jedoch eine wunderbare Möglichkeit, Vorlieben auszuloten. Die Palette der Möglichkeiten ist lang und vielfältig.

Die Augen sind unser wichtigstes Sinnesorgan. Auf kein anderes verlassen wir uns mehr.

Dessous

Die Kunst des Verhüllens – oder sollten wir lieber »die Kunst des Ausziehens« sagen? Reizvolles zum Verhüllen gibt es in vielen Variationen. Überraschen Sie Ihren Partner doch mal mit einem Hauch von Nichts. Das gilt übrigens auch für Sie, meine Herren. Die männliche Wäschelust ist schon lange nicht mehr nur auf Feinripp beschränkt. Und auch die mit den lustigen Enten drauf dürfen Sie getrost entsorgen, wenn Ihnen jemals wieder jemand an die Wäsche gehen soll. Natürlich muss auch alles entsprechend zur Geltung kommen. Also nicht gleich alles auf einmal ausziehen, sondern langsam, Stück für Stück die Hüllen fallen lassen. Schon allein die sinnliche Erfahrung des feinen Stoffes auf der Haut und das prickelnde Gefühl, sexy Sachen zu tragen, machen Vorfreude auf das, was da noch kommen könnte.

Literatur

Sich gegenseitig erotische Geschichten vorzulesen, kann ein wunderbares Vorspiel sein für den Sex. Das gedruckte Wort verfehlt seine Wirkung oft nicht, egal, ob man sich allein von den sinnlichen Texten

Der Reiz des Zuschauens

Warum leihen Sie nicht mal einen erotischen Film aus? Pornos haben längst nicht mehr alle das erschreckend niedrige Niveau der deutschen 1970er-Jahre-Schmuddelfilmchen. Die Palette ist reichhaltig, und auch Frauen bekennen sich mehr und mehr zu dieser sehr direkten Art der sexuellen Stimulation. Bei Beate Uhse oder auch in Frauen-Sexshops findet sich eine gute Auswahl an Filmen, die über mehr Handlung verfügen als das, was man üblicherweise in den einschlägigen Ecken der Videotheken geboten bekommt.

anregen lässt oder sich gegenseitig zunächst einmal mit interessanten Textpassagen verwöhnt – wie weit die Inspiration reicht, ist allein Ihnen und Ihrer Phantasie überlassen. Auch hier kann Ihnen ein gut informierter Buchhändler bestimmt eine breite Auswahl bieten. ✖

Zur Inspiration finden Sie eine kleine, wenn auch sehr subjektive Auswahl erotischer Texte am Ende dieses Buches.

Hören – sinnliche Klänge, die entspannen

Eigentlich jedes Paar hat seine ganz persönliche musikalische Geschichte, und weil Musik irgendwie auch immer mit großen Gefühlen zu tun hat, eignen sich bestimmte Klänge perfekt als Lustverstärker. Die persönlichen Präferenzen sind hier natürlich sehr unterschiedlich. Ob Ravels Boléro oder Tom Waits' rauchige Balladen eher die sinnliche Stimmung treffen, ist eine Frage des Geschmacks und der Stimmung. Bestimmte Harmonien sind wie eine Schmusedecke für die Seele, und dramatische italienische Opernarien tragen sehr wahrscheinlich viel mehr zur Romantik eines Candlelight-Dinners bei als Techno-Beats.

Erotische Stimmlage

Für viele Frauen ist eine tiefe, sonore Männerstimme erotischer als der Anblick eines gut gebauten Körpers. Dass manche Stimmlagen als sexy empfunden werden, ist kein Zufall. Wissenschaftler haben herausgefunden, dass bestimmte Tonlagen auf das jeweils andere Geschlecht durchaus anziehend wirken. Wie sie auch immer klingt, die Stimme hat in jedem Fall eine starke Wirkung. Ähnlich funktioniet das übrigens in der Tierwelt, denn die Weibchen mancher Tierarten benutzen bestimmte Tonlagen und Töne, um die Männchen auf ihre Paarungsbereitschaft aufmerksam zu machen. ✖

Kanarienvögel vollziehen den Liebesakt erst, wenn das gezwitscherte Liebesduett nach langem Üben wirklich aufführungsreif ist.

Fühlen – wie Samt und Seide

Streicheln, umarmen, berühren – all das ist Balsam für unsere Seele. Die Haut ist nicht nur unser größtes Sinnesorgan, sondern auch unsere größte erogene Zone. Das gegenseitige Berühren der Haut ist uns zwar in den Gesten des Alltags selbstver-

ständlich geworden, es ist jedoch auch ein Zeichen von Intimität und Vertrautheit. Für Babys ist der körperliche Kontakt sogar lebensnotwendig, und ohne liebevolle Berührung können sie trotz ausreichend Pflege und Nahrung sterben. Auch Erwachsene leiden seelisch unter einem Mangel an körperlicher Zuwendung. Schon das zärtliche Streicheln der Wange und erst recht natürlich eine aufrichtige Umarmung sagen oft mehr als die liebevollsten Worte.

Berühren Sie Ihren Partner so oft wie möglich und geben Sie ihm dadurch das Gefühl von Nähe und Geborgenheit.

Die Landkarte der Berührung

Bestimmt haben Sie schon festgestellt, dass es bestimmte Bereiche Ihres Körpers gibt, die unterschiedlich sensibel auf bestimmte Berührungen reagieren. Das kann unangenehm sein, vielleicht kitzelt es, oder eine Berührung weckt erotische Wahrnehmungen in Ihnen. Die ganz bestimmt schönste und intimste Form der Körperwahrnehmung ist das gegenseitige Streicheln und Massieren. Diese Form des Verwöhnens ist eines der sinnlichsten Vergnügen, das man seinem Partner bereiten kann. Hier geht es nicht darum, Muskelverhärtungen zu lösen. Ob Zupfen, Kneten, Reiben, Klopfen, Drücken – von Kopf bis Fuß hat jeder seine ganz individuellen Körperstellen, die erst durch sanfte Berührung ihr erotisches Potenzial entfalten. Und das muss nicht immer und ausschließlich der Genitalbereich sein! Lassen Sie sich Zeit und erfühlen Sie den Körper des Partners möglichst langsam. Das steigert die Spannung. Kerzenlicht, Massageöl, leise Musik und natürlich eine angenehm warme Umgebung sorgen für das entsprechend sinnlich-ruhige Ambiente. ✖

Riechen – anregende Düfte

Wie wir bei den Pheromonen schon gesehen haben, gibt es bestimmte Stoffe, die dafür sorgen, dass wir jemanden einfach »nicht riechen« können oder uns eben auch stark zu einer Person hingezogen fühlen. Wie wir auf einen anderen Menschen reagieren, entscheidet sich bereits in den berühmten ersten drei Sekunden einer neuen Begegnung und hängt auch mit ab von dem Geruch, den wir bei unserem Gegenüber in der Regel ganz unbewusst wahrnehmen.

Duftlampen, Räucherstäbchen, ätherische Öle – es gibt viele Varianten sinnlicher Düfte.

Gut zu wissen

Wie sensibel unsere Haut auf Streicheleinheiten reagiert, ist übrigens auch eine Frage der Hormone. Je niedriger der Testosteron- bzw. Östrogenspiegel ist, umso weniger empfindlich ist unsere Haut.

Der richtige Duft in der Luft

Gerüche sind von all unseren Sinnen am stärksten mit unseren Erinnerungen verknüpft. Sie können verschiedenste Gefühle auslösen. Denken Sie nur an den Geruch von frischem Kaffee oder an den betörenden Duft, der nach einem warmen Sommerregen in der Luft liegt. Bestimmte Geruchsstoffe wirken wie Aphrodisiaka, nur dass man sie nicht verspeist, sondern eine verführerisch duftende Atmosphäre mit ihnen schafft. ✖

Schmecken – Liebe geht durch den Magen

Dass Liebe viel mit Essen zu tun hat, wussten schon unsere Großeltern. Vielleicht waren deswegen in früheren Zeiten die Kochkünste einer potenziellen Ehefrau ein maßgebliches Kriterium bei der Eheanbahnung. Aber natürlich ist Essen nicht alles, was wir mit dem Mund machen. Der Mund gilt als Spiegel der Geschlechtsorgane und ist so gesehen eine Art Subzentrum der Lust, mit dem wir küssen, knabbern, saugen oder lecken. Und deswegen kann Essen auch so sinnlich sein, noch dazu, wenn wir mit den Händen essen, uns gegenseitig genüsslich pikante Leckereien in den Mund stecken oder ein romantisches Picknick im Wald veranstalten.

So schmeckt die Liebe

Denken Sie bei der Vorbereitung aphrodisischer Gaumenfreuden immer auch an eines: Ein voller Magen liebt nicht gut. Ideal ist Fisch, bespielsweise in Form von Sushi mit viel Ingwer und Wasabi, der grünen scharfen Meerrettichpaste. Die kleinen Häppchen sehen nicht nur appetitlich aus, sie lassen sich auch überaus sinnlich verspeisen – wenn man's kann. Wer lieber auf kulinarisch bekanntem Boden bleibt, ist mit jeder Art von Geflügel immer gut beraten. Natürlich kommt es auf die richtigen Gewürze an!
Auch für das Dessert gilt: Frisch und leicht sollte es im Idealfall sein. Germknödel oder Sahneschnittchen sind nicht gerade behilflich auf dem Weg zu erotischen Zielen. Besser eignen sich hier beispielsweise die sinnlichen Rundungen samtiger Pfirsiche. ✖

Dinner for Love

Kartoffel-Steinpilz-Rösti

Zutaten für 2 Personen

175 g vorwiegend fest kochende Kartoffeln
Salz
frisch gemahlener Pfeffer
75 g Steinpilze
1/2 kleine Schalotte
1/2 EL Butter
1 TL Rosmarinnadeln
50 ml Olivenöl

Die Kartoffeln grob raspeln, mit Salz und Pfeffer würzen und 5 Minuten ziehen lassen. Inzwischen die Steinpilze putzen und in etwa 1 cm große Würfel schneiden. Die Schalotte schälen und fein hacken. Die Butter in einer Pfanne zerlassen. Die Schalotte darin glasig dünsten. Die Steinpilze dazugeben und 1–2 Minuten mitdünsten. Die Rosmarinnadeln hacken und dazugeben.

Die Kartoffelmasse leicht ausdrücken und die Steinpilze untermischen. In einer Gusseisenpfanne Olivenöl erhitzen. Von der Kartoffel-Pilz-Masse je 2 gehäufte EL in das Fett setzen, darin zu runden Fladen formen und leicht andrücken. Die Rösti bei mittlerer bis starke Hitze von beiden Seiten goldbraun braten. Die fertigen Rösti aus der Pfanne nehmen und auf Küchenpapier abtropfen lassen.

Tipp:
Die Steinpilze nur mit einem feuchten Tuch abwischen, nicht waschen, sonst verlieren sie an Aroma. Vor dem Wenden der Rösti noch ein kleines Stück Butter in die Pfanne geben. ✖

Achten Sie auf leicht verdauliche Speisen und wenig Fett. Auch zu viel Alkohol macht trotz seiner anregenden Wirkung eher betrunken als lüstern.

Petersfisch-Émincé mit Austernsauce

Zutaten für 2 Personen

400 g Petersfisch-Filet
60 ml Fischfond
1/2 kleine gekochte Kartoffel
2 EL natives Olivenöl extra
1/2 EL Rotweinessig
Salz, Pfeffer
1 kleine Tomate
5 kleine Rucolablätter
6 Austern

Das Fischfleisch in dünne Scheiben schneiden. Leicht überlappend in 4 Vakuumtüten ausbreiten, kreisrund plattieren und in der Tüte 3 Minuten in 50 °C heißem Wasser pochieren.

Den Fischfond auf die halbe Menge reduzieren und mit den gekochten Kartoffeln im Mixer pürieren. Mit Olivenöl, Essig, Salz und Pfeffer würzen. Die Tomate häuten, Samen entfernen, würfeln und mit dem in Streifen geschnittenen Rucola unter die Sauce mengen.

Die Austern öffnen, säubern und in die erhitzte Sauce legen. Den pochierten Petersfisch auf heißen Tellern anrichten und mit der Austernsauce übergießen. ✖

Quarknocken mit Papaya auf Beerensauce

Zutaten für 2 Personen

50 g Erdbeeren
50 g Himbeeren
40 g Zucker
1/2 unbehandelte Orange
2 Eiweiß
60 g Sahne
75 g Magerquark
1/2 Päckchen Vanillezucker
1/2 reife Papaya
einige Minzeblättchen

Für die Beerensauce die Erdbeeren abbrausen. Die Beeren verlesen, putzen und mit 20 Gramm Zucker kurz aufkochen lassen, dann mit dem Stabmixer pürieren und kalt stellen.

Die Orange heiß abwaschen und abtrocknen. Die Schale mit einem Zestenreißer abhobeln oder mit einer Raspel fein abreiben.

Ein Sieb mit einem Tuch auslegen, den Quark hineingeben und 30 Minuten im Kühlschrank abtropfen lassen.

Eiweiß mit 20 Gramm Zucker zu steifem Schnee schlagen. Die Sahne ebenfalls steif

schlagen. Sahne und Eiweiß mit einem Holzlöffel vorsichtig unter den Quark mischen. Die Masse mit dem Vanillezucker und der abgeriebenen Orangenschale abschmecken.

Die Papaya schälen und in Scheiben schneiden. Die Beerensauce durch ein Sieb passieren und auf Teller verteilen. Von der Quarkmasse mit zwei Esslöffeln Nocken abstechen und diese auf den Fruchtspiegel setzen. Das Dessert mit Papayascheiben und Minzeblättchen garnieren.

Variante
Im Sommer ein tolles Dessert, wenn man nur Beeren nimmt! Mit Holundersirup bekommt die Sauce ein besonders feines Aroma. ✖

Literarische Scharfmacher

Die Liebe: Über nichts anderes wird so viel nachgedacht, geredet, gestritten und – geschrieben. Schon in der Antike legte der römische Dichter Ovid mit dem Werk »Ars amatoria« eine frivol-elegante Unterweisung in der Kunst der Verführung vor, die ihm selbst nicht nur den Ruf der Leichtfertigkeit einbrachte, sondern die auch heute noch in Liebesdingen durchaus den sinnlich-guten Ton angibt.

Doch nicht nur die Antike ist für erotische Überraschungen gut. Auch in der modernen Literatur lässt sich so mancher Appetithappen finden. Ob opulente Liebesromane, erotische Kurzgeschichten, Sex in Comics oder lyrische Gedichte – die Palette an Erotika ist reichhaltig und abwechslungsreich. Jeder kann hier das Richtige für sich entdecken.

Ob Sie allein genießen oder sich in einer lauen Sommernacht gegenseitig mit pikanten Geschichten Lust machen, hier ist bestimmt keines der geschriebenen Worte zu viel. Und auch wenn die sinnliche Lektüre nicht unbedingt in einer rauschenden Liebesnacht gipfelt, so beschert sie doch zumindest angenehme Träume. ✖

Lesenswertes
aus dem Reich der Sinne

Viele Worte sind in diesem Fall alles andere als überflüssig. Von romantisch bis frivol – ein kleiner subjektiver Einblick in meine ganz persönliche Bibliothek der Sinnlichkeit.

Boccaccio, Giovanni: »Geschichten aus dem Dekameron«
Die etwa in der Mitte des 16. Jahrhunderts entstandene Sammlung von Erzählungen war lange Zeit als unzüchtig verpönt. Reisende, die vom Unwetter überrascht wurden, erzählen sich sieben Tage lang erotische Geschichten. Das Hauptthema fast aller Erzählungen ist natürlich – was auch sonst – die Liebe in ihren unterschiedlichsten Variationen.

Cleland, John: »Die Memoiren der Fanny Hill«
Über allem steht die Liebe – auch über höchstem Sinnestaumel. Offenherzig erzählt die Ehefrau und Mutter von ihrem Leben als Prostituierte, von ihren Erfahrungen mit der Liebe und dem Laster.

Djian, Philippe: »Schwarze Tage, weiße Nächte«
Der verwitwete und erfolglose Autor Francis erlebt seine größte Sinn- und Schaffenskrise. Schmutzige Phantasien rund um seine tote Frau und die Gespräche mit seinem vom Glück verwöhnten Freund Patrick bringen ihn jedoch auf die Idee, es einmal mit einem literarischen Porno zu versuchen. Von nun an ist Francis' Leben nur noch auf das »eine« hin ausgerichtet. Unanständig ehrlich und wahrhaftig direkt.

Duras, Marguerite: »Der Liebhaber«
Die stille Geschichte einer so obsessiven wie aussichtslosen Liebe. Ein chinesischer Adeliger verzehrt sich nach einem französischen Schulmädchen, das zwar seine Liebe nicht erwidert, durch ihn jedoch ungeahnte Dimensionen der Lust erfährt. Die tragische Sinnlichkeit dieser unmöglichen Liebe macht das Buch besonders.

Grandes, Almudena: »Lulu«
Eine preisgekrönte Geschichte über Sex, Gewalt und Hörigkeit. Lulu erzählt über ihre bedingungslose Liebe zu einem Mann, dem sie seit frühester Jugend verfallen ist. Das Leben der spanischen Nymphomanin steckt voller intimer Geheim-

nisse und erotischer Wünsche. Anregend für Sinne und Sinnlichkeit.

Holzberg, Niklas: »Catull – Der Dichter und sein erotisches Werk«

Dass es nicht gerade prüde zuging in der Antike, wissen wir. Doch wie viel unmoralisches Vergnügen uns in der Schule entgangen ist, kann man erst seit diesem Werk erahnen: Endlich wird nicht mehr vom »melodiösen Flötenspiel« geredet, wo Catull das Blasen meinte. Und als er jüngst den Sklaven seiner Geliebten beim Wichsen erwischte, hat er ihn »Venus steh mir bei! – sofort mit seinem Steifen gebumst«. Die Ikonen der Klassik waren halt doch menschlicher, als es die humanistische Bildung erlaubt...

Lawrence, D. H.: »Lady Chatterley«

Ein liebesromantischer Klassiker, der aufgrund seiner Freizügigkeit zumindest im prüden England erst nach 1960 veröffentlicht werden durfte. Die Geschichte: Mit dem Einverständnis ihres gelähmten Gatten beginnt die unter der Beziehungslosigkeit ihrer Ehe leidende Titelheldin ein Verhältnis zu einem Waldhüter. Sehr bald findet sie nicht nur sexuelle Erfüllung, sondern auch emotionale Intimität und neue Lebensfreude. In seiner Art und zu seiner Zeit absolut revolutionär!

Lukian: »Hetärengespräche«

Die Hetärengespräche bestehen aus 15 heiteren, kleinen Dialogen, die Auskunft über die Lebenssituation der Hetären im antiken Athen geben. Im Mittelpunkt der Episoden stehen Eifersucht, Liebe, Begierde, Verrat, Macht und Geld. Mal vulgär, mal sentimental, mal humoristisch wird ein wirklichkeitsnahes Bild der Frivolität menschlicher Schwächen und Gewohnheiten entworfen.

Miller, Henry: »Opus Pistorum«

Weniger bekannt als beispielsweise »Der Wendekreis des Krebses« oder »Stille Tage in Clichy«, aber auch nur für Liebhaber handfester Erotika geeignet, ist das pornografische Frühwerk des weltberühmten Literaten. Ob Inzest, Sodomie oder Sadomasochismus – die tabulose Beschreibung orgiastischer Nächte lässt keine Form der Sexualität aus. Bis heute ein Skandalbuch, das nur alle paar Jahre in kleiner Auflage erscheint.

Millet, Catherine: »Das sexuelle Leben der Catherine M.«

Skandalträchtige Bücher haben offensichtlich beste Aussichten auf einen Platz unter den modernen Klassikern. Mit ihren freizügigen Auskünften über ihr Sexleben sorgte die Autorin international für Furore. Ihre nüchternen Bekenntnisse sind keine erotischen Träume, sondern reale Erlebnisse. Dieses Buch muss man lieben oder man hasst es, denn die sexuelle Offenheit in Kombination mit der kühlen Sprache ist nicht jedermanns Sache.

Nabokov, Vladimir: »Lolita«
Das virtuos-frivole Meisterwerk schildert die tragische Leidenschaft des erwachsenen Gelehrten für die kindliche Nymphe. Nicht die Überschreitung moralischer Schranken macht dieses Buch außergewöhnlich, sondern die mit distanzierender Ironie und stilistischer Raffinesse dargestellte Obsession eines Mannes, der seine abgründige Liebe nur als absolute und tödliche Macht begreifen kann.

Nin, Anaïs: »Das Delta der Venus«
»Poetisch und pornografisch, sinnlich und sensibel, ein schamlos schönes Buch.« So urteilte Henry Miller über das Werk seiner Lebensgefährtin und Muse. Die New York Times bezeichnet es gar als »das schönste und direkteste Buch, das je von einer Frau geschrieben wurde«.

Roth, Philip: »Portnoys Beschwerden«
Was auf den ersten Blick als Anhäufung absonderlicher sexueller Begierden erscheint, ist ein grandioser, vielschichtiger Roman jenseits aller (Scham-)Grenzen. Retrospektiv schildert Portnoy auf der Couch des Psychiaters in humoristischen Episoden sein Leben. Vor allem seine sexuelle Zwanghaftigkeit steht hierbei immer im Mittelpunkt. Die Geschichte eines Mannes zwischen Moral und Manie, der seine Identität durch ein ausschweifendes sexuelles Leben erfolglos zu finden versucht.

Rowohlt, Harry: »Die schweinischsten Stellen aus dem Alten Testament«
Die schweinischsten Stellen aus dem Alten Testament sind im Grunde gar nicht so furchtbar anrüchig. Im Gegenteil. Doch wird hier oft eine hochpoetische, phantasievolle und metaphernreiche Sprache bemüht, neben der sich unser heutiges Erotikvokabular wie banales Gestammel ausnimmt. Denn die Bibel ist weder lust- noch körperfeindlich.

Sacher-Masoch, Leopold von: »Venus im Pelz«
Das Schlüsselwerk des Sadomasochismus stand bis zum Jahr 2001 auf dem Index jugendgefährdender Schriften und war lange Zeit mehr oder weniger in Vergessenheit geraten. Die stark autobiografisch gefärbte Obsession, die Beschreibung der Lust an der Erniedrigung erklären wie kein zweites Buch seiner Art die Poesie und Ästhetik der Grausamkeit. Als Sklave der Venus findet Sacher-Masoch höchste sexuelle Befriedigung nur durch Tritte, Hohn und Peitschenhiebe.

Sade, Marquis de: »Justine«
De Sade schrieb sein Hauptwerk während seiner Haft in königlichen Gefängnissen. Justine ist im Gegensatz zu ihrer Schwester Juliette, die frühzeitig den Weg des Lasters beschreitet, tugendhaft und will es bleiben. Sie wird dafür mit Erniedrigung, Verfolgung und Vergewaltigung belohnt. Dieser gesellschaftskritische wie erotische

Roman entlarvt die Falschheit der Tugend und erklärt das Laster als dominierenden Antrieb für das Individuum.

Walter: »Mein geheimes Leben«

Unter einem Pseudonym erschien gegen Ende des 19. Jahrhunderts in kleinster Auflage das mehrere tausend Seiten starke, tabulose Dokument eines Lebens, das nur ein Ziel kannte: so oft wie möglich zu kopulieren, um das Erlebte dann detailgetreu schriftlich festzuhalten. Walters Werk ist das Zeugnis eines realen Lebens, in dem die pornografischen (Männer-)Phantasien in Taten umgesetzt wurden. Zu etwa 1.200 sexuellen Begegnungen soll es gekommen sein, doch um alle zu lesen, braucht es nicht nur einen langen Atem, sondern auch die gleiche sexuelle Obsession, wie sie dem Autor zu Eigen gewesen sein muss.

Wilde, Oscar: »Teleny und der Priester und der Mesnerknabe«

Der im Jahre von Oscar Wildes großem Prozess wegen »Verführung der Jugend« anonym erschienene homoerotische Roman ist von allen Herausgebern der Werke Wildes zu Unrecht verschämt übergangen worden. Heute gilt er als wichtiger Gegenpol zu dem lustfeindlichen Idealismus der neoklassizistischen und neoromantischen Liebeslyrik des Fin de siècle und als ein wichtiges, die zynische Doppelmoral des Viktorianischen Zeitalters entlarvendes Werk.

Wondratschek, Wolf: »Kelly-Briefe«

«Die Liebe ist ein Ort, unmöglich, sich dort zu treffen.« Der Briefroman ist wohl die schönste und poetischste Liebeserklärung des unterzeichnenden W. an die Frau, die Sprache und die Liebe selbst. Von romantisch bis schonungslos brutal spiegelt der Text die Gefühle des Autors im Irrenhaus des Lebens und der Liebe wider.

Zutzel, Eva / Zausel, Adam: »Die neue klassische Sau«

Der zweite und wahrscheinlich beste Band aus der »Trilogie der literarischen Hocherotik«. Mit geschultem Blick haben die Herausgeber die sinnlichsten Stellen aus der erotischer Weltliteratur zusammengetragen. Auf über 450 Seiten werden fast alle Spielarten der Sexualität bemüht, und oft kann man nur staunen, was berühmte Autoren nicht nur in ihrer Phantasie, sondern auch auf dem Papier ungeniert getrieben haben. Immer wieder wegen Gefährdung der Jugend im Gespräch, wird hier mit Wonne aller Welt gezeigt, dass sich große Kunst und schweinisches Vergnügen in der erotischen Literatur keinesfalls ausschließen müssen.

Macabido – die Studie

● Wieso schreibt ein Gynäkologe ein Buch über ein körperlich anregendes Naturpräparat? Ganz einfach: Weil dieses Mittel nicht nur aus der Sicht der Anti-Aging-Medizin als Jungbrunnen des neuen Jahrtausends gelten wird, sondern weil es auch die Lösung der Probleme vieler meiner Patientinnen sein kann. Denn in meine Praxis kommen natürlich nicht nur Frauen, die schwanger sind oder gerade dieses vermeiden möchten. Ein Großteil meiner Patientinnen klagt über fehlenden Antrieb, Energiemangel, über Libidoverlust, Beschwerden beim Sex und alles in allem eben über mehr Frust als Lust im Schlafzimmer.

Als Nahrungsergänzungsmittel verfügt Macabido über vitalisierende Eigenschaften. Seine wertvollen Inhaltsstoffe, allen voran natürlich das peruanische Maca, stärken das Immunsystem und fördern Energie und Leistungsstärke. Die im Frühjahr 2003 durchgeführte Doppelblindstudie zur Erhebung wissenschaftlicher Daten im Hinblick auf die Wirksamkeit des Präparats hat eindeutig ergeben, dass Macabido vielen Menschen, die unter Antriebsschwäche und Libidoverlust leiden, zu neuer Lebensfreude und einer erfüllten Sexualität verhelfen kann. ✖

Die Last mit der Lust

Der Verlust der Libido vollzieht sich oft schleichend und unbemerkt. Nicht von heute auf morgen wird der Sex plötzlich bedeutungslos, die Erektion unmöglich. Doch all das muss nicht sein.

Eine Lebensmitte ohne Lebensfreude?

Gerade heute saß mir eine Patientin mit Symptomen gegenüber, die charakteristisch sind für das, womit ich tagtäglich in meiner Praxis konfrontiert bin. Eine Frau um die 50 Jahre, sportlich und attraktiv, leidet unter Lustlosigkeit im Bett. Schon der Gedanke an Sex bringt sie zum Gähnen. Auch fehlen Antrieb und Energie für alles, was über das notwendige Alltagsgeschehen hinausgeht. Der ehemals behandelnde Arzt hat ihr mit Beginn der Zyklusunregelmäßigkeiten ein niedrig dosiertes Hormonersatzpräparat verschrieben, das zwar immerhin Wechseljahrebeschwerden wie Schlafstörungen und Hitzewallungen verhindert. Nur die Lust auf Sex fehlt einfach.

Hormone – des Rätsels Lösung?

Um der Ursache auf den Grund zu gehen, wurde bei der Patientin zunächst der Hormonstatus im Blut bestimmt. Es zeigte sich hierbei eine für die Wechseljahre typische Hormonkonstellation: wenig Östrogen, darüber hinaus ein niedriger DHEA-Wert und ein Testosteronwert, der sogar unter der Norm liegt. Mit der Patientin wurden ausführlich die Vor- und Nachteile einer Hormonsubstitution mit Östrogenen, Gestagenen, DHEA und Testosteron besprochen. Doch war die Patientin mit einer weiteren Hormonbehandlung nicht einverstanden. Der Leidensdruck war noch nicht so groß, dass die Patientin die möglichen Nebenwirkungen einer Hormonbehandlung in Kauf nehmen wollte.

Macabido gegen Antriebsschwäche und Lustlosigkeit

Ich bot der Patientin schließlich die Aufnahme in eine völlig neue Studie an, die sich zum ersten Mal wissenschaftlich fundiert mit der Wirkungsweise der peruanischen Maca-Wurzel befasst. Dieses natürliche Präparat soll als Nahrungssupplement positive Wirkung auf das allgemeine Wohlbefinden haben, Schlafstörungen, Hitzewallungen und depressive Verstimmungen lindern und darüber hinaus eine fördernde Wirkung auf die Libido haben. Jeweils abgestimmt auf die unterschiedlichen Bedürfnisse von Frauen und Männern bildet eine hoch wirksame Kombination aus reinstem Maca-Extrakt sowie Gingko und Ginseng die Grundlage für das zu prüfende Präparat.

Wer davon profitiert

Um herauszufinden, ob durch die Einnahme des Präparats MACABIDO tatsächlich eine deutliche Verbesserung für Befindlichkeit und Libido erreicht werden kann, begann im März 2003 eine Studie an 120 Personen im Alter zwischen 35 und 65 Jahren, die an zwei Zentren in Deutschland betreut werden. In die Studie wurden Patienten aufgenommen, die unter allgemeiner körperlicher Schwäche, depressiven Verstimmungen und mangelnder sexueller Aktivität leiden. Die Patienten mussten sich vor Studienbeginn einer umfassenden ärztlichen Untersuchung unterziehen, um etwaige ergebnisverfälschende Krankheiten von vornherein auszuschließen. Ziel der Studie war es nicht, ein Medikament zur therapeutischen Behandlung von sexuellen Funktionsstörungen zu erproben; dafür ist Maca nicht geeignet. Mit der Studie sollte geprüft werden, welche Wirkung Maca als Nahrungsergänzungsmittel auf das allgemeine Wohlbefinden des Menschen ausübt. Es war deshalb wichtig, dass die Teilnehmer während der Studie keine anderen Vitamin- und Mineralstoffpräparate zu sich nahmen, um eine Veränderung in der Befindlichkeit auch tatsächlich auf Maca zurückführen zu können.

Mehr Information und Fakten!

Über Funktionsstörungen des menschlichen Körpers gibt die Fachpresse in unzähligen Artikeln Auskunft. Zur Verbesserung der Lebensqualität des gesunden Menschen findet sich dagegen leider nur wenig Material. Natürlich hat die Pharmaindustrie ökonomisch gesehen ein größeres Interesse daran, Krankheiten zu heilen, als Krankheiten vorzubeugen. Deswegen finden sich auch nur wenig Fakten im Bereich der so genannten Nahrungsergänzungsmittel.

Gut zu wissen

Zur Absicherung der Untersuchungsergebnisse war die gesamte Studie als Doppelblindstudie angelegt. Das bedeutet, dass während der vierwöchigen Behandlungsphase weder die einzelnen Teilnehmer noch die betreuenden Ärzte wussten, welcher Patient welches der drei in Frage kommenden Präparate zu sich nahm. Jeder Teilnehmer wurde mit nur einem Präparat behandelt.

Der Aufbau der Studie

In zwei aufeinanderfolgenden Studien, die zum Teil gegenwärtig noch laufen, werden insgesamt 120 Personen untersucht. Die jeweils 60 Frauen und Männer wurden in drei Behandlungsgruppen unterteilt. Über einen Zeitraum von vier Wochen erhielten je 30 Frauen und Männer ein Plazebopräparat (= Scheinpräparat ohne Wirksubstanz), je 15 Männer und Frauen wurden mit dem handelsüblichen US-Produkt MACA behandelt und je 15 Männer und Frauen nahmen das neue Kombinationspräparat MACABIDO ein. Das Plazebopräparat sowie das handelsübliche MACA wurde jeweils in einer Dosierung von sechs Kapseln pro Tag verabreicht, MACABIDO in einer Dosierung von zwei Kapseln pro Tag.

Auswertung

Zum Zeitpunkt der hier vorliegenden Zwischenauswertung hatten 103 von 120 Versuchsteilnehmern die Studie bereits beendet. Sowohl vor als auch nach der Behandlungsphase wurden die Probanden gebeten, einen standardisierten Fragebogen (siehe Seite 125) auszufüllen, mit Hilfe dessen der Befindlichkeitsstatus des jeweiligen Teilnehmers festgestellt werden sollte. Abgefragt wurden hierbei Angaben zu Antriebsschwäche, Müdigkeit, Vitalitätsmangel, Gefühlsschwankungen und Energieverlust und insbesondere auch zur sexuellen Erregbarkeit und Phantasie. Alle Probanden gaben außerdem an, unter einem Verlust ihrer Libido zu leiden. Am Ende der Studie wurden die Daten vor der Behandlung mit den Erhebungen nach der Behandlung verglichen.

Zusätzlich wurden am Ende der Versuchsphase alle Beteiligten nach ihrem ganz persönlichen Empfinden und ihrer Einschätzung hinsichtlich der Wirksamkeit des eingenommenen Präparats gefragt. Die Teilnhmer sollten angeben, ob sie innerhalb der vier Wochen eine deutliche Verbesserung, eine Verschlechterung oder gar keinen Effekt bei sich selbst feststellen konnten.

Fragebogen zur Libidobstimmung

Die folgenden Fragen beziehen sich auf Ihr körperliches und sexuelles Befinden während der vergangenen Wochen. Bitte überlegen Sie sich, wie oft Sie den jeweiligen Zustand erlebt haben und kreuzen Sie das entsprechende Kästchen an.

Beispiel

oft ☐ ☐ ☒ ☐ ☐ ☐ ☐ ☐ ☐ ☐ ☐ ☐ nie

1. Ich habe ein sicheres Gefühl, was meinem Körper gut tut:

oft ☐ ☐ ☐ ☐ ☐ ☐ ☐ ☐ ☐ ☐ ☐ ☐ nie

2. Ich nehme mir Zeit, meinem Körper Gutes zu tun:

oft ☐ ☐ ☐ ☐ ☐ ☐ ☐ ☐ ☐ ☐ ☐ ☐ nie

3. Ich bin offen für alles und werde niemals verlegen:

oft ☐ ☐ ☐ ☐ ☐ ☐ ☐ ☐ ☐ ☐ ☐ ☐ nie

4. Ich glaube, dass ich sexuell attraktiv bin:

sehr ☐ ☐ ☐ ☐ ☐ ☐ ☐ ☐ ☐ ☐ ☐ ☐ gar nicht

5. Ich bin bezogen auf Sexualität experimentierfreudig:

oft ☐ ☐ ☐ ☐ ☐ ☐ ☐ ☐ ☐ ☐ ☐ ☐ nie

6. Ich bin derzeit mit meinem Sexualleben zufrieden:

sehr ☐ ☐ ☐ ☐ ☐ ☐ ☐ ☐ ☐ ☐ ☐ ☐ gar nicht

7. Bekommen Sie Ihren Samenerguss/Orgasmus dann, wenn Sie es wünschen?

oft ☐ ☐ ☐ ☐ ☐ ☐ ☐ ☐ ☐ ☐ ☐ ☐ nie

Auswertung

oft	☐	☐	☐	☐	☐	☐	☐	☐	☐	☐	☐	☐	nie
	1	2	3	4	5	6	7	8	9	10	11	12	

(modifiziert nach Dr. Michael Klentze)

Zur Auswertung wurden den angekreuzten Kästchen entsprechend dem unten aufgeführten Auswertungsschema Punktzahlen zugeordnet und addiert. Eine Einnahme von Macabido könnte empfohlen werden, wenn die erreichte Gesamtpunktzahl einen Wert von 40 überschreitet.

So wirkt Maca

Auch wenn der beste Sex im Kopf stattfindet, bedeutet das noch lange nicht, dass man dem Körper nicht auf die lustvollen Sprünge helfen kann. Die Studie beweist, was in der peruanischen Wurzel steckt!

Die Libido natürlich anregen

Die seit hunderten von Jahren beschriebenen positiven Effekte, die die peruanische Macawurzel auf Lust und Liebe hat, können anhand dieser Studie zum ersten Mal eindeutig nachgewiesen und empirisch untermauert werden. Die unter strengen Richtlinien angelegte Versuchanordnung dieser Studie wird normalerweise nur für Arzneimittel angewendet. Als erstes Kriterium der hier zugrunde liegenden Zwischenauswertung wurde der Einfluss herangezogen, den die Einnahme der Präparate MACA, MACABIDO und des Plazebopräparats auf das sexuelle Verlangen und die Erregbarkeit bei Männern und Frauen hat.

Das Ergebnis ist eindeutig

Positive Ergebnisse waren zu erwarten, wenn die Libido während der Behandlung im Vergleich zum Studienbeginn zunimmt. Im Vergleich zum Plazebo waren sowohl bei MACA als auch bei MACABIDO grundsätzlich positive Effekte zu verzeichnen. Besonders auffällig ist hierbei, dass die Wirkung von MACABIDO gegenüber MACA wesentlich stärker war. Interessante Unterschiede zwischen den Ergebnissen von Frauen und Männern ließen sich in erster Linie bei dem Plazebopräparat erkennen. Die Libido der Frauen ließ während der Behandlung mit dem wirkungsfreien Präparat nach, während

Liegen keinerlei organische Beeinträchtigungen vor, sind Männer in ihrer Libido leichter zu beeinflussen als Frauen.

Männer darauf durchaus positiv reagierten. Das lässt den Rückschluss zu, dass Männer durch das Ritual der tägliche Einnahme und das alleinige Bewusstsein, etwas für die Steigerung der Liebesfähigkeit zu tun, eher beeinflussbar sind als Frauen.

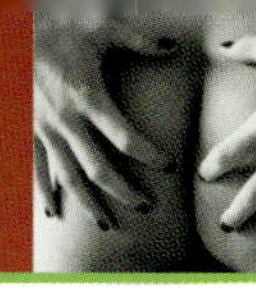

Frauen, die ein Placebopräparat erhalten, scheinen sich durch das Ausbleiben der gewünschten Wirkung während der Studie eher schlechter zu fühlen als vor Studienbeginn.

Auch auf MACA und MACABIDO reagierten Männer durchschnittlich positiver als Frauen. Bei Versuchsteilnehmern, die MACA erhalten hatten, waren 3 Prozent unzufrieden, 35 Prozent verspürten überhaupt keine Wirkung und knapp über 60 Prozent bemerkten eine deutliche Verbesserung ihrer Libido sowie der allgemeinen körperlichen Leistungsfähigkeit.

MACABIDO fördert die Lust!

Die Einnahme von MACABIDO dagegen führte nach der vierwöchigen Behandlung bei 92 Prozent der Studienteilnehmer zu einer deutlich gesteigerten Libido und zu einem verbesserten Wohlbefinden. Nur fünf Prozent gaben an, unter der Einwirkung von MACABIDO keinerlei Effekt beobachtet zu haben bzw. wollten zwei Prozent sogar von einer Verschlechterung ihres sexuellen Verlangens sprechen. Wenn man hierbei berücksichtigt, dass die Versuchsteilnehmer, die MACABIDO testeten, lediglich ein Drittel der Substanz-

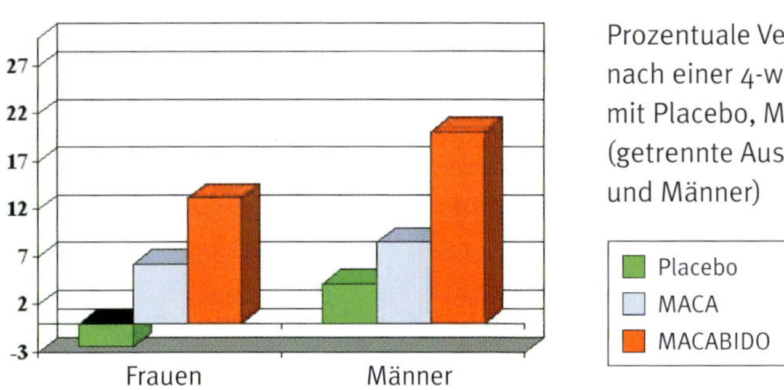

Prozentuale Veränderung der Libido nach einer 4-wöchigen Behandlung mit Placebo, MACA oder MACABIDO (getrennte Auswertung von Frauen und Männer)

bzw. Kapselmenge einnahmen (nämlich nur zwei anstelle von sechs Kapseln) wie diejenigen Probanden, die MACA bzw. das Plazebopräparat bekamen, ist es umso erstaunlicher, dass der positive Effekt so überaus deutlich geworden ist. Auch wenn die Ergebnisse der noch andauernden Langzeitstudie zum gegenwärtigen Zeitpunkt noch nicht endgültig ausgewertet

> *MACABIDO gibt es je in einer speziellen Zusammensetzung abgestimmt auf den männlichen und weiblichen Organismus.*

werden können, kann man davon ausgehen, dass die Einnahme von MACA auch über einen Zeitraum von acht Wochen oder mehr nicht zu dem gleichen guten Ergebnis führt wie die vierwöchige Behandlung mit MACABIDO. Die spezielle Zusammensetzung von MACABIDO aus hochwirksamen Maca in Kombination mit ausgewählten Ginseng- und Gingkoextrakten führt also zu einer wesentlich besseren Wirksamkeit als sie bisher bei handelsüblichen Produkten beobachtet werden konnte.

Keine schwer wiegenden Nebenwirkungen

Unabhängig von der Wirksamkeit der einzelnen Präparate wurde im Rahmen der Studie auch die Verträglichkeit der täglichen Einnahme untersucht. Hierbei wurde ganz klar deutlich, dass bei der normalen Dosierung des handelsüblichen Produkts MACA bzw. bei dem Plazebopräparat ein größerer Teil der Versuchsteilnehmer unter Magenbeschwerden litt als bei denjenigen, die MACABIDO einnahmen. Lediglich zwei der Probanden der MACABIDO-Gruppe berichteten von ähnlichen Beschwerden. In allen Fällen hielten die Symptome etwa drei bis fünf Tage an und verschwanden anschließend, ohne dass die Therapie abgebrochen werden musste.

Die Ursache für die aufgetretenen Beschwerden ist sicherlich in der Menge der jeweils einzunehmenden Kapseln zu su-

Gut zu wissen

Die selten auftretenden Nebenwirkungen waren in keinem der Fälle als schwer wiegend zu betrachten. Angegeben wurden Übelkeit, Beschwerden des Magen-Dam-Traktes und Übelkeit. Am häufigsten traten diese Symptome bei Versuchsteilnehmern auf, die das Plazebo- bzw. MACA-Präparat eingenommen hatten. Lediglich 10 Prozent der MACABIDO-Gruppe berichteten von ähnlichen Beschwerden.

chen. Sowohl die Gruppe derjenigen, die MACA eingenommen hatten als auch die Versuchsteilnehmer, die mit dem Plazebopräparat behandelt wurden, nahmen täglich sechs Kapseln zu sich. Der Anteil an nicht wirksamen Zusatzstoffen wie beispielsweise Gelatine steigt direkt proportional mit der Anzahl der eingenommenen Kapseln. Da auch unter den Plazeboprobanden ähnliche Nebenwirkungen zu beobachten waren, kann man davon ausgehen, dass die Beschwerden nicht auf das Maca-Extrakt zurückzuführen sind, da dieses im Plazebopräparat nicht enthalten war. Der Extrakt der Macawurzel an sich scheint demnach keine nennenswerten Nebenwirkungen hervorzurufen. Folglich ist MACABIDO also durch die optimale Kombination der natürlichen Inhaltsstoffe besser verträglich als die im Handel erhältlichen Präparate, die lediglich Maca-Extrakte enthalten.

Schlussfolgerung

Die Studie zeigt, dass durch die optimale Kombination von wertvollen Inhaltsstoffen wie Gingko, Ginseng und dem Extrakt aus der Macawurzel ein überaus wirksames Präparat hergestellt werden kann. Dieses natürliche Produkt unterstützt und fördert nicht nur die körperliche Kraft und Energie, sondern beeinflusst die allgemeine Befindlichkeit und hat vor allem einen nachweislich positiven Einfluss auf die Libido von Männern und Frauen. Langzeitstudien werden wahrscheinlich die momentan eindeutige Tendenz bestätigen, dass mit einer längerfristigen Einnahme von handelsüblichem MACA nicht der gleiche positive Effekt erzielt werden kann wie mit dem Kombinationspräparat MACABIDO, das seine Wirksamkeit bereits nach einer relativ kurzen Zeitspanne unter Beweis stellt.

Persönliche Einschätzung der Wirkung von Placebo, MACA oder MACABIDO nach 4 Wochen Dauerbehandlung (gemeinsame Auswertung von Frauen und Männer)

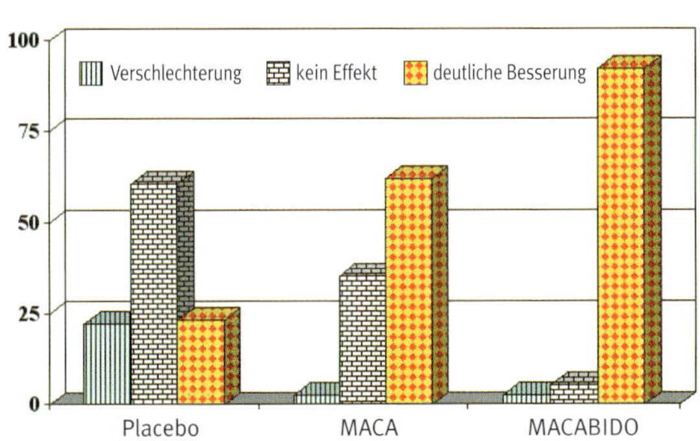

Die Studien wurden durchgeführt von der PROVERUM GmbH, Münster, und Dr. Gerd Jansen, Olching. Leitung: Dr. Jan-Dirk Fauteck. Der Fragebogen basiert auf einer Erhebung von Dr. Michael Klentze.

Anhang

Literaturverzeichnis

Beier, Klaus M. / Bosinski, Hartmut A. G. / Hartmann, Uwe / Loewit, Kurt: »Sexualmedizin«. Urban & Fischer, München, 1. Aufl. 2001

Baudrillard, Jean: »Die fatalen Strategien«. Matthes & Seitz, München 1991

Colker, Carlon M.: »Sex Pills. From Androstenedione to Zinc. What Works and What Doesn't«. Advanced Research Press Inc., New York 1999

Damasio, Antonio R.: »Ich fühle, also bin ich. Die Entschlüsselung des Bewusstseins«. List Verlag, München 2000

Derbolowsky, Udo / Derbolowsky, Jakob: »Liebenswert bist Du immer – So schützen Sie Ihre seelische Gesundheit«. Junfermann, Paderborn 2001

Derbolowsky, Udo / Derbolowsky, Jakob: »Tropho-Training – So fühle ich mich wohl« (Buch und CD). psychopädica, Germering, 3. Aufl. 2002

Derbolowsky, Jakob / Middendorf, I.: »Psychosomatische Störungen«. BOD, psychopädica, Germering

Derbolowsky, Udo / Derbolowsky, Jakob: »Wer mich nicht liebt, ist selber schuld«. Junfermann, Paderborn 1995

Huber, J.: »Endokrine Gynäkologie. Einführung in die frauenspezifische Medizin«. Verlag Wilhelm Maudrich. Wien 1998

Klentze, Michael: »Anti-Aging. Die Macht der eigenen Hormone«. Südwest Verlag, München 2003

Klentze, Michael: »Für immer jung durch Anti-Aging«. Ehrenwirth Verlag, Bergisch-Gladbach, 2. Aufl. 2003

Lewitan, Louis / Bley, Johannes (Hrsg.): »Leitfaden Psychotherapie in München«. Goldschmidt-Verlag, München 1998

Meryn, Siegfried / Metka, Markus / Kindel, Georg: »Der Mann 2000. Die Hormon-Revolution«. Ueberreuther, Wien 1999

Michael, Robert T. / Gagnon, John H. / Laumann, Edward O. / Kolata, Gina: »Sexwende, Liebe in den 90ern«. Knaur, München 1994

Miketta, Gaby / Tebel-Nagy, Claudia: »Liebe & Sex. Über die Biochemie leidenschaftlicher Gefühle«. Georg Thieme Verlag, Stuttgart 1996

Morgenthaler, John / Joy, Dan: »Better Sex through Chemistry«. Smart Publications, Petaluma 1999

Morris, Desmond: »Mars und Venus. Das Liebesleben der Menschen«. Wilhelm Heyne Verlag, München 1997

Pagila, Camille: »Die Masken der Sexualität«. Byblos Verlag, Berlin 1990

Porst, Hartmut: »Manual der Impotenz«. Uni Med Verlag, Bremen 2000

»**Pschyrembel** Wörterbuch der Sexualität«. De Gruyter, Berlin 2002

Rabe, Thomas / Strowitzki, Thomas: »Lifestyle & Anti-Aging Medizin«. Rendevous Verlag, Baden-Baden 2001

Rätsch, Christian: »Pflanzen der Liebe. Aphrodisiaka in Mythos, Geschichte und Gegenwart«. AT Verlag, Aarau, 8. Aufl. 2002

Süskind, Patrick: »Das Parfüm. Geschichte eines Mörders«. Diogenes Verlag, Zürich 1989

Umbreit, Klaus: »Männlichkeit und Hormone. Hormontherapie für Männer in den Wechseljahren«. Cuvillier Verlag, Göttingen 1999

Walker, Morton: »Sexual Nutrition«. Avery Publishing Group, New York 1994

Wright, Jonathan V. / Lenard, Lane: »Maximize Your Vitality & Potency. For Men Over 40«. Smart Publications, Petaluma 1999

Zilbergeld, Bernie: »Die neue Sexualität der Männer«. dgtv-Verlag. Tübingen, 4. Aufl. 2000

Wichtige Adressen

Dr. med. Gerd Jansen
Arzt für Frauenheilkunde und Geburtshilfe
Hauptstraße 6, 82140 Olching
Tel.: 0 81 42 / 3 00 81, Fax: 0 81 42 / 1 82 45

Praxis Dr. med Jakob Derbolowsky
Finkenstraße 7a, 82110 Germering
Tel.: 0 89 / 84 75 71, Fax: 0 89 / 8 94 81 21
E-Mail: praxis@derbolowsky.de

Dipl. Psych. Louis Lewitan
Stressbewältigung & Verhaltenstherapie
Haimhauser Straße 1, 80802 München
Tel.: 0 89 / 38 99 75 11
E-Mail: PraxisLouisLewitan@gmx.net

Dr. Wolfgang te Breuil
Urologe und Androloge
Karlstraße 17–19, 40210 Düsseldorf
Tel.: 02 11 / 1 67 97 40, Fax: 02 11 / 1 67 97 42

Dinner for Love

Rezept Seite 111: Thomas Thielemann Aus dem Buch: Vom Luxus der einfachen Küche. **Rezept Seite 112**: Heinz Beck, Cavalieri Hilton Rome, La Pergola Restaurant. **Rezept Seite 112/113**: Frank Heppner. Aus dem Buch: Lean Cuisine.

Bezugsquelle

Macabido® erhalten Sie exklusiv bei
Look & Feel Products Inc.
Tel.: 00 800 90 60 90 60 (gebührenfrei)
Fax: 00 800 90 60 90 90 (gebührenfrei)
E-Mail: order@lookfeelproducts.com

Impressum

Südwest Verlag
(ein Unternehmen der Ullstein Heyne List
GmbH & Co.KG) © 2003 Ullstein Heyne List
GmbH & Co.KG, München

Herausgeber

Anti-Aging-News, Buch- und
Zeitschriftenverlags GmbH, Wien

Idee und Konzeption

Friederike Heyne by cookingstars GmbH, München

Artdirector

Bettina Oswald

Fotografie

Felix Holzer Studio, München

Text und Lektorat

Sandra-Kathrin Buck

Schlussredaktion

Nicola von Otto

Satz und DTP

Elisabeth Schimmer

Hinweis

Das vorliegende Buch wurde sorgfältig erarbeitet. Dennoch erfolgen alle Angaben ohne Gewähr. Weder der Autor noch der Verlag übernehmen für eventuelle Nachteile oder Schäden, die aus den im Buch gegebenen praktischen Hinweisen resultieren, eine Haftung.

ISBN 3-517-06706-7